# 물어보기 부끄러워 묻지 못한
# 금융 상식

물어보기 부끄러워 묻지 못한

# 금융상식

초판 1쇄 발행 2021년 10월 22일
초판 3쇄 발행 2024년 4월 8일

지은이 옥효진
펴낸이 이종두
펴낸곳 ㈜새로운 제안

기획·편집 이도영
디자인 이지선
영업 문성빈, 김남권, 조용훈
경영지원 이정민, 김효선

주소 경기도 부천시 조마루로385번길 122 삼보테크노타워 2002호
홈페이지 www.jean.co.kr
쇼핑몰 www.baek2.kr(백두도서쇼핑몰)
SNS 인스타그램(@newjeanbook), 페이스북(@srwjean)
이메일 newjeanbook@naver.com
전화 032) 719-8041
팩스 032) 719-8042
등록 2005년 12월 22일 제386-3010000251002005000320호
ISBN 978-89-5533-621-4(13320)

통장 만들기부터 신용점수 관리, 세금과 부동산계약까지
누구도 알려주지 않았던 금융상식 A to Z

## 물어보기 부끄러워 묻지 못한

# 금융상식

옥효진 지음

새로운제안

## Prologue

우리가 사는 사회는 참 이상합니다. 가르쳐준 적이 없으면서도 '이제 어른이 되었으니 다 해낼 수 있지?'라고 말하며 우리를 치열한 사회 속으로 내던집니다. 어른이기 때문에 다 해내야 하는 것들이 참 많습니다. 어른이기 때문에 매 순간 합리적인 판단을 할 것이라 기대하고, 책임도 다 질 것이라 기대합니다. 돈과 관련해서도 그렇습니다. 돈에 대해서 우리는 제대로 배워본 적이 없는데도 말이죠. 돈을 아껴 쓰고 저축해야 한다는 것은 알지만 저축의 종류에는 어떤 것들이 있는지 알지 못합니다. 부모님께서 보험에 가입해 주셨지만, 보험은 왜 가입하는지 어떤 도움을 주는지 잘 알지 못합니다. 그런데 주위를 둘러보면 나만 빼고 다들 잘 알고 있는 것처럼 보입니다. 하지만 사실 돈에 대해 잘 모르는 건 나뿐만이 아닙니다. 우리 모두 돈에 대해 배운 적이 없거든요. 그러니 내가 너무 늦은 건 아닌가? 나만 모르는 건 아닌가? 라는 생각은 하지 않아도 좋습니다.

이 책은 부자가 되는 방법을 알려주는 책이 아닙니다. 누구도 몰랐던 돈을 불리는 비법을 알려주는 책도 아닙니다. 아기가 첫 걸음마를 떼듯 이제부터 우리 삶에서 피할 수 없는 돈과 관련된 것들에 관심을 가져보려는 분들에게 도움이 되었으면 하는 마음으로, 그리고 적금과 예금의 차이도 몰랐던 20대의 나에게 전해주고 싶은 마음으로 써 내려간 책입니다. 누군가에게는 이미 알고 있는 상식일 수도 누군가에게는 인터넷 검색을 통해 얻을 수 있는 쉬운 정보일 수도 있습니다. 하지만 이 책의 제목처럼 다른 사람은 상식처럼 아는 것들을 나만 모르는 것 같아 '물어보기 부끄러워 묻지 못한' 사람들이 분명 존재할 겁니다. 이들이 앞으로 살아가며 마주치게 될 돈과 관련된 상황에서 조금이나마 도움이 되는 책이 되길 바라봅니다.

2021년 가을

저자 옥효진

Contents

Chapter 01.

## 금융 생활의 출발, 숫자



Chapter 02.

## 돈, 돈, 돈, 돈! 화폐의 종류

Chapter 03.

## 금융 생활 속 나의 신분증



Chapter 04.

## 금융 생활의 기본, 저축

Chapter 05.

## 나라에서 강제로 가져가는 돈



Chapter 06.

## 빚을 내며 살아간다

Chapter 07.

## 거대한 계모임, 보험



Chapter 08.

## 약속의 증서, 계약서

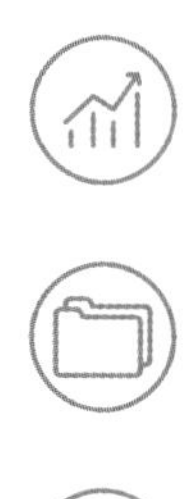

Chapter **01**

# 금융 생활의 출발, 숫자

## 일 십 백 천 만 십만 백만 천만 억!

1254685120원

금융상식에 대한 이야기를 시작하기 전에 질문을 하나 하려고 한다. 위에 있는 금액은 얼마일까? 아래에 적힌 답을 보기 전에 위의 숫자만 보고 읽어 보자. 소리를 내어도 좋고 마음속으로 읽어도 좋다. 조금 큰 수긴 하지만 어렵지 않게 읽을 수 있을 것이다.

정답은 십이억 오천사백육십팔만 오천백이십 원이다. 여기서 한 가지 더 질문. 내가 어떻게 1254685120원이라는 금액을 읽었는지 생각해보자. 숫자를 보자마자 12억 즈음 되는 금액이라는 걸 알아챈 사람도 있을 것이다. 하지만 대부분 사람은 이렇게 읽었을 것이라고 확신한다.

'일, 십, 백, 천, 만, 십만, 백만, 천만, 억, 십억, 십이억 오천사백육십팔만 오천백이십 원'

검지를 펼쳐 숫자를 하나하나 짚어간 사람도 있을 것이고 눈으로 짚어간 사람도 있을 것이다. 어찌 됐든 대부분 사람은 12억 남짓의 숫자를 앞에서부터 읽기 위해 뒤에서부터 숫자의 자릿수를 확인하는 과정을 거친다.

지구상의 거의 모든 국가가 인도에서 만들어진 아라비아 숫자로 수를 나타내고 있다. 그 덕에 그 나라 말은 몰라도 내가 사려고 하는 물건이 얼마인지는 알 수 있다. 아라비아 숫자는 여러 장점이 있어서 널리 쓰이고 있지만, 우리가 앞서 확인한 것처럼 숫자가 커질수록 자릿수를 파악하기가 어렵다. 일상생활에서는 큰 불편함이 없지만 큰 단위의 돈이 오가는 상황에서는 이야기가 달라진다. '0' 하나가 붙고 안 붙고는 숫자의 단위가 커질수록 엄청난 차이를 가져오기 때문이다.

이처럼 아라비아 숫자의 자릿수를 파악하는 게 어렵고 귀찮았던 사람들은 한 가지 방법을 찾아냈다. 바로 쉼표(,)를 사용하는 것이다.

1,254,685,120원

누군가가 이렇게 세 자리마다 쉼표를 찍어서 숫자의 자릿수를 구분하기 편하게 만들었다. 물론 익숙하지 않은 사람들은 시간이 걸리겠지만 조금만 익숙해지면 숫자의 단위를 금방 파악할 수 있다. 다음의 숫자를 읽어보자.

| 십만 | 만 | 천 | | 백 | 십 | 일 | | |
|---|---|---|---|---|---|---|---|---|
| | | 7 | , | 0 | 0 | 0 | 원 | 7천 원 |
| | 7 | 0 | , | 0 | 0 | 0 | 원 | 7만 원 |
| 7 | 0 | 0 | , | 0 | 0 | 0 | 원 | 70만 원 |

뒤에서 첫 번째 쉼표 앞의 자릿수는 '천'이다.

| 억 | 천만 | 백만 | | 십만 | 만 | 천 | | 백 | 십 | 일 | | |
|---|---|---|---|---|---|---|---|---|---|---|---|---|
| | | 7 | , | 0 | 0 | 0 | , | 0 | 0 | 0 | 원 | 7백만 원 |
| | 7 | 0 | , | 0 | 0 | 0 | , | 0 | 0 | 0 | 원 | 7천만 원 |
| 7 | 0 | 0 | , | 0 | 0 | 0 | , | 0 | 0 | 0 | 원 | 7억 |

뒤에서 두 번째 쉼표 앞의 자릿수는 '백만'이다.

같은 방식으로 세 번째 쉼표 앞의 자릿수는 '십억'이다. 하지만 10억대 금융거래를 자주 하는 사람이 아니라면 쉼표 2개까지의 자릿수만 기억해 두어도 실생활에서는 큰 불편함이 없다. 그러니 천과 백만 단위는 기억해 두는 것이 좋다. 자릿수를 몰라도 수를 셀 수는 있겠지만 쉼표를 활용해 숫자를 읽으면 숫자를 읽는 속도가 빨라진다. 특히 요즘처럼 현금보다는 화면 속 숫자로 금융거래를 많이 하는 사회에서는 더욱더 유용하다.

---

★ 만, 억, 조, 경까지는 알겠는데 그다음은 어떻게 읽나요?

일상생활에서는 '조' 단위 정도로 대부분의 숫자를 나타낼 수 있어요. 하지만 조나 경 이상의 숫자도 분명 존재하죠. 살아가며 몇 번 쓰지 않을 단위일 수도 있지만 한번 알아볼까요?

| 읽는 법 | 0의 개수 | 숫자 |
|---|---|---|
| 일 | 0 | 1 |
| 십 | 1 | 10 |
| 백 | 2 | 100 |
| 천 | 3 | 1000 |
| 만 | 4 | 10000 |
| 억 | 8 | 100000000 |
| 조 | 12 | 1000000000000 |
| 경 | 16 | 10000000000000000 |
| 해 | 20 | 100000000000000000000 |
| 자 | 24 | 1000000000000000000000000 |
| 양 | 28 | 10000000000000000000000000000 |
| 구 | 32 | 100000000000000000000000000000000 |
| 간 | 36 | 1000000000000000000000000000000000000 |
| 정 | 40 | 10000000000000000000000000000000000000000 |
| 재 | 44 | 100000000000000000000000000000000000000000000 |
| 극 | 48 | 10000000000000000000000000000000000000000000… |
| 항아사 | 52 | 10000000000000000000000000000000000000000000… |
| 아승지 | 56 | 10000000000000000000000000000000000000000000… |
| 나유타 | 60 | 10000000000000000000000000000000000000000000… |
| 불가사의 | 64 | 10000000000000000000000000000000000000000000… |
| 무량대수 | 68 | 10000000000000000000000000000000000000000000… |

## 10천 원? 1,000천 원?

초등학교 사회시간, 선생님이 아이들에게 문제를 낸다.
"자 여러분, 제주도의 인구수가 몇 명인지 사회과 부도를
보고 대답해봅시다."
"육백칠십 사천 명이요"
"응?!"

다음의 표는 2021년 4월 기준 서울, 강원도, 제주도의 인구수이다. 아마 학창 시절 사회과 부도 부록에서 이런 종류의 표를 많이 봤을 것이다.

[행정구역(시군구)별 인구수(2021. 4. 기준)] (단위: 천 명)

| 행정구역(시군구) | 총인구수 |
|---|---|
| 서울특별시 | 9,588 |
| 강원도 | 1,536 |
| 제주 특별자치도 | 674 |

출처: 통계청

각 지역의 총인구수를 보면 앞에서 이야기한 것처럼 세 자리마다 쉼표가 찍혀있다. 쉼표에 익숙하지 않더라도 그다지 큰 수가 아니므로 금방 읽을 수 있을 것이다. 제주시의 인구수는 674(육백칠십 사)이다. 단위가 '천 명'이니 숫자와 단위를 붙여 읽으면 된다.

육백칠십 사천 명(?)

숫자와 단위를 붙여 읽으니, 마치 '서른 마흔다섯 살' 같은 있을법하지만 존재하지 않는 숫자가 되었다. 왜 이런 걸까?

앞서 우리는 숫자를 쉽게 읽기 위해 세 자리마다 쉼표를 찍는다는 사실을 알아봤다. 그런데 사실 세 자리마다 쉼표를 찍는 방법보다 더 쉽게 숫자를 읽을 방법이 있다. 바로 네 자리마다 쉼표를 찍는 것이다. 다음의 숫자를 읽어보자.

| 천만 | 백만 | 십만 | 만 | | 천 | 백 | 십 | 일 | | |
|---|---|---|---|---|---|---|---|---|---|---|
| | | | 7 | , | 0 | 0 | 0 | 0 | 원 | 7만 원 |
| | | 7 | 0 | , | 0 | 0 | 0 | 0 | 원 | 70만 원 |
| | 7 | 0 | 0 | , | 0 | 0 | 0 | 0 | 원 | 700만 원 |
| 7 | 0 | 0 | 0 | , | 0 | 0 | 0 | 0 | 원 | 7000만 원 |

네 자리마다 쉼표를 찍으면 첫 번째 쉼표 앞의 자릿수는 '만'이다.

| 천억 | 백억 | 십억 | 억 | | 천만 | 백만 | 십만 | 만 | | 천 | 백 | 십 | 일 | | |
|---|---|---|---|---|---|---|---|---|---|---|---|---|---|---|---|
| | | | 7 | , | 0 | 0 | 0 | 0 | , | 0 | 0 | 0 | 0 | 원 | 7억 |
| | | 7 | 0 | , | 0 | 0 | 0 | 0 | , | 0 | 0 | 0 | 0 | 원 | 70억 |
| | 7 | 0 | 0 | , | 0 | 0 | 0 | 0 | , | 0 | 0 | 0 | 0 | 원 | 700억 |
| 7 | 0 | 0 | 0 | , | 0 | 0 | 0 | 0 | , | 0 | 0 | 0 | 0 | 원 | 7000억 |

그리고 두 번째 쉼표 앞의 자릿수는 '억'이다.

같은 방식으로 세 번째 쉼표 앞의 자릿수는 '조'가 된다. 쉼표가 나올 때마다 만, 억, 조, 경, 해…와 같이 바뀌므로 숫자를 읽기가 훨씬 수월하다. 하지만 안타깝게도 우리나라에서는 네 자리마다 쉼표 찍는 방법을 사용하지 않는다. 그 이유는 뭘까? 아래의 나라별 숫자 읽는 법을 보면 그 이유를 유추해볼 수 있다.

| 수 | 한자 | 한국어 | 일본어 | 중국어 | 영어 | 스페인어 | 프랑스어 |
|---|---|---|---|---|---|---|---|
| 1 | 一 | 일 | いち | yī | one | uno(un) | un |
| 10 | 十 | 십 | じゅう | shí | ten | diez | dix |
| 100 | 百 | 백 | ひゃく | bǎi | a hundred | cien | cent |
| 1000 | 千 | 천 | せん | qiān | one thousand | un mil | mille |
| 10000 | 一 萬 | 일 만 | いち まん | yī wàn | ten thousand | diez mil | dix mille |
| 100000 | 十 萬 | 십 만 | じゅう まん | shí wàn | a hundred thousand | cien mil | cent mille |
| 1000000 | 百 萬 | 백 만 | ひゃく まん | bǎi wàn | one million | un millón | un million |
| 10000000 | 千 萬 | 천 만 | せん まん | qiān wàn | ten million | diez miliones | dix millions |
| 100000000 | 一 億 | 일 억 | いち おく | yī yì | a hundred million | cien miliones | cent millions |

한자문화권인 한국, 일본, 중국은 네 자리마다 1, 10, 100, 1000에 해당하는 단어가 반복적으로 사용되고 있다. 반면 서양권 국가들은 세 자리마다 1, 10, 100에 해당하는 단어가 반복된다. 여기서 알 수 있는 사실은 세 자리마다 쉼표를 찍는 것은 서양권 국가의 언어체계에 맞춘 방법이라는 것이다. 알다시피 국제통화는 미국의 '달러'이다. 그리고 미국은 영어를 사용하고 있다. 이런 이유로 전 세계적으로 세 자리마다 쉼표 찍는 방법이 자리 잡았을 것으로 유추할 수 있다.

---

★ 그럼 아시아 국가만이라도 네 자리마다 쉼표를 찍으면 안 되나요?

한자를 사용하는 아시아 국가들만 네 자리마다 쉼표를 찍어 한결 수월하게 숫자를 읽을 수는 있겠죠. 하지만 이는 또 다른 문제를 가져올 수 있어요. 국제간의 교류가 활발해지고 금융거래도 일상화된 상황에서 쉼표를 다르게 사용한다면 큰 문제가 생길 수 있는 거죠. 빨리 송금하려고 쉼표 개수만 확인했다가 10배, 100배가 넘는 돈을 송금하고 뒤늦게 알아챘다면 등에서 식은땀 한 줄기가 흘러내리지 않을까요?

이제 제주도의 인구수를 다시 한번 확인해보자.

[행정구역(시군구)별 인구수(2021. 4. 기준)] (단위: 천 명)

| 행정구역(시군구) | 총인구수 |
|---|---|
| 서울특별시 | 9,588 |
| 강원도 | 1,536 |
| 제주 특별자치도 | 674 |

출처: 통계청

단위 '천 명'을 영어인 'Thousand'로 바꾸어보면 강원도의 인구는 six hundred seventy four 'thousand' 명이다. 직역하면 '육백칠십 사천' 명. 앞서 나왔던 '서른 마흔다섯 살' 같은 숫자가 된다. 하지만 우리는 영어를 번역할 때 이렇게 번역하지 않는다. six hundred seventy four 'thousand' 명을 제대로 번역하면 '육십 칠만 사천' 명이다. 이처럼 표를 읽을 때도 제대로 된 번역 과정을 거쳐야 한다. 단위가 '천 명'이라면 숫자 뒤에 ,000이 더 붙어있다고 생각하고 읽어야 한다. 쉼표로 자릿수를 파악해 숫자 읽는 것이 익숙해진 사람은 표를 읽는 게 그리 어렵지 않을 것이다. 물론 단위를 '만 명'으로 표기하면 더 쉽게 인구수를 파악할 수 있을 것이고, 최근엔 그렇게 작성한 통계표도 많다. 하지만 세계적으로 세 자리마다 쉼표 찍는 방법을 사용하고 있기에 '천 명'이란 단위는 여전히 많이 쓰이고 있다. 만약 우리나라의 '원'이 국제통화였다면 네 자리마다 쉼표가 찍혔겠지만 아쉽게도 그렇지 못하니 우리가 어쩔 수 없이 감수해야 할 불편함이라고 생각해야 할 것 같다.

### ★ 인터넷에서 10K, 100M 같은 숫자가 보이던데 이건 얼마큼을 나타내는 건가요?

유튜브, 인스타그램 등 외국 기업이 운영하는 온라인 플랫폼에서 팔로워 수나 조회 수를 16K, 1M로 나타내는 것을 볼 수 있어요. 이걸 보며 '우와 많다'라고만 생각하고 정확한 숫자는 모르는 사람이 많습니다. 하지만 이제 쉼표를 이용해 숫자 읽는 방법을 알아봤으니 이 수가 정확히 얼마를 나타내는지 알아볼까요?

**16K views · 1M views**

먼저 K는 킬로(Kilo)의 약자입니다. 킬로는 1,000을 나타내는데, 우리 일상에서 흔히 1킬로그램(kg)은 1,000그램(g), 1킬로미터(km)는 1,000미터(m)로 사용합니다. 따라서 K라는 글자는 ,000 대신 사용한 것으로 생각하면 됩니다. K 대신 ,000을 적어주면 정확한 숫자를 알 수 있죠. 즉, 조회 수 16K 명에서 K 대신 ,000을 쓰면 16,000명, 만육천 회를 나타냅니다.

같은 방식으로 M은 밀리언(Million)의 약자이고, 이는 M을 ,000,000 대신 적어준 것으로 생각하면 됩니다. 즉, 조회 수 1M회는 1,000,000회, 백만 회를 나타내는 것이죠.

보통 K와 M만으로도 일상에 필요한 숫자를 나타낼 수 있지만, 더 큰 숫자가 쓰일 때도 있습니다. 유튜브에서 가장 많은 조회 수를 기록한 'Baby shark(아기상어)'의 조회 수는 약 90억 회(9,000,000,000회, 2021년 7월 기준)인데, 이것은 9B로 표현할 수 있어요. B는 빌리언(billion)의 약자이고 ,000,000,000 대신 적어준 것입니다.

# 50% 할인 후 50% 추가 할인은 100% 할인?

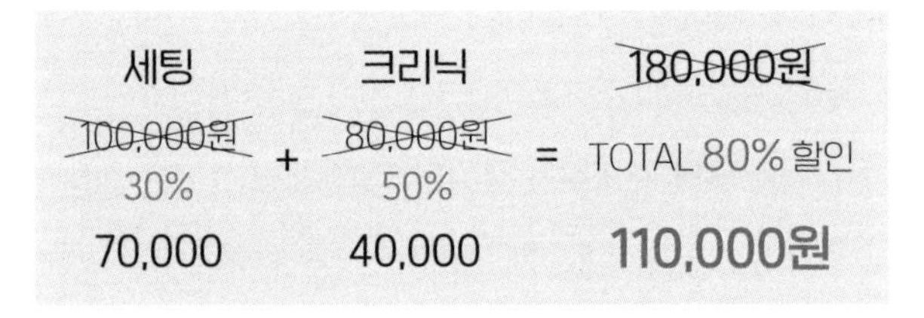


인터넷에서 '기적의 계산법'으로 이슈가 된 사진이 있다. 한 미용실의 할인행사 내용을 찍은 것이었는데, 두 가지 시술을 같이하면 할인을 더 해준다는 내용이었다.

얼핏 보면 이상한 점이 없지만, 자세히 보면 할인율 표시가 잘못되어 있다. 무엇이 잘못되었는지 왜 잘못되었는지 알아보자. 일상에서 그리고 금융 생활에서 %(퍼센트)는 자주 사용되므로 반드시 제대로 알고 있어야 한다.

## 백분율

%(퍼센트)는 백분율을 나타내는 기호이다. 백분율은 비율을 나타내는 방식인데, 전체 수량을 100으로 했을 때 비교하는 양을 나타낸 것이다. 만약 내가 100개의 사탕을 가지고 있는데, 그 중 1개를 동생에게 주었다면 동생에게 준 사탕의 백분율은 1%가 된다. 100개 중 15개를 주었다면 동생에게 준 사탕의 백분율은 15%가 될 것이다.

기준이 되는 양이 100이라면 백분율은 쉽게 구할 수 있다. 하지만 기준이 100이 아니라면 기준이 되는 양을 100으로 생각해서 백분율을 계산해야 한다. 내가 가지고 있던 사탕 20개(기준량) 중 1개(비교하는 양)를 동생에게 주었다면 사탕 100개 중 5개를 동생에게 준 것과 같은 비율이므로 5%의 사탕을 줬다는 말이다.

기준량을 100으로 바꾸고 비교하는 양을 조정하는 과정을 거치지 않더라도 아래의 식을 이용하면 백분율을 구할 수 있다.

$$\frac{(\text{비교하는 양})}{(\text{기준량})} \times 100 = \text{백분율}(\%)$$

초콜릿 25개 중 5개를 먹었다면 내가 먹은 초콜릿의 백분율은 아래와 같다.

$$\frac{5}{25} \times 100 = 20(\%)$$

내가 이번 달에 200만 원을 벌었고 그중 식비로 70만 원을 썼다면 식비의 백분율은 아래와 같다.

$$\frac{700{,}000}{2{,}000{,}000} \times 100 = 35(\%)$$

일상생활에선 굳이 암산으로 백분율을 계산할 필요가 없다. 계산기에 아래의 공식을 입력해서 나온 값에 %(퍼센트)를 붙이면 이것이 백분율이다.

(비교하는 양) ÷ (기준량) × 100 = ?

계산기를 이용해 다음 예시의 백분율을 구해보자.

300쪽 분량의 과제를 완성해야 한다. 그런데 그중 246쪽의 과제를 완성했다. 몇 %를 완성한 것일까?

위의 경우 300쪽이 기준이 되는 양이므로 계산기에는 아래의 순서로 입력하면 된다.

| 입력순서 | ① | ② | ③ | ④ | ⑤ | ⑥ |
|---|---|---|---|---|---|---|
| | 246 | ÷ | 300 | × | 100 | = |

입력을 마치면 82라는 숫자가 나온다. 즉, 과제의 82%를 완성한 것이다. 한 문제만 더 풀어보자.

올해 연말 기부 행사의 목표 모금액은 50,000,000원이고, 모금 결과 74,000,000원이 모였다. 목표 금액의 몇 %가 모였는가?

여기서 기준은 목표 금액인 50,000,000원이다. 따라서 아래의 순서로 입력하면 된다.

| 입력순서 | ① | ② | ③ | ④ | ⑤ | ⑥ |
|---|---|---|---|---|---|---|
| | 74,000,000 | ÷ | 50,000,000 | × | 100 | = |

입력을 마치면 148이라는 숫자가 나온다. 즉, 목표 금액의 148%를 달성했다는 의미다. 이처럼 백분율은 100%보다 큰 숫자가 나올 수도 있다. 따라서 계산할 때 무조건 작은 숫자를 먼저 입력하는 것으로 생각해서는 안 된다. 기준이 되는 양을 찾고, 기준량과 비교할 양 중 비교할 양을 먼저 입력해야 한다.

★ 계산기에 나누기 기호가 없어요. 어떻게 하죠?

계산기에 나누기 기호(÷)가 없다면 당황하지 말고 빗금 기호(/)를 찾아보세요. 빗금(/)이 나누기 버튼입니다.

### ★ 빗금(/) 기호가 나누기라면, 10/100은 10÷100을 뜻하는 건가요?

수학 시간에 분수에 대해 배웠을 거예요. 분수는 손으로 쉽게 적을 수 있지만, 컴퓨터에 키보드로 입력하기는 어려워요. 그래서 분수를 나타낼 때 빗금(/)을 사용해요. $\frac{1}{10}$을 1/10과 같이 나타내는 거죠. 빗금(/) 앞에는 분자를, 빗금 뒤에는 분모를 적습니다. 예를 들어 $\frac{1}{10}$은 나눗셈식으로 1÷10으로 나타내죠. 여기서 나눗셈 기호를 빗금으로 바꾸면 1/10은 1÷10과 같은 거죠.

$$\frac{1}{10} = 1 \div 10 = 1/10$$

| 분수 | | 빗금 | | 나눗셈식 |
|---|---|---|---|---|
| $\frac{1}{10}$ | = | 1/10 | = | 1 ÷ 10 |
| $\frac{10}{100}$ | = | 10/100 | = | 10 ÷ 100 |
| $\frac{100}{1000}$ | = | 100/1000 | = | 100 ÷ 1000 |
| $\frac{1}{100}$ | = | 1/100 | = | 1 ÷ 100 |
| $\frac{10}{1000}$ | = | 10/1000 | = | 10 ÷ 1000 |

여기에 100을 곱하면 백분율로 나타낼 수 있어요.

| 빗금 | | | | 백분율 |
|---|---|---|---|---|
| 1/10 | × | 100 | = | 10% |
| 10/100 | × | 100 | = | 10% |
| 100/1000 | × | 100 | = | 10% |
| 1/100 | × | 100 | = | 1% |
| 10/1000 | × | 100 | = | 1% |

### 백분율로 계산하기

실제 금융 생활에서는 우리가 백분율을 직접 구하기보다 백분율로 표기된 이자율, 할인율, 적립률 등을 접하는 경우가 많다. 따라서 이번에는 백분율을 계산해서 정확한 금액을 구하는 방법을 알아보자.

동네 슈퍼마켓에서 9,000원에 팔던 물건을 30% 할인해준다면 얼마에 파는 걸까?

$$(\text{할인 가격}) = (\text{원래 가격}) \times \frac{(\text{할인율에서 \%를 제외한 숫자})}{100}$$

위의 공식대로 계산하면 할인가를 알 수 있다. 하지만 우리는 수학 공부를 하는 게 아니므로 간편하게 백분율 계산하는 방법을 알아보자.

$$(\text{할인 가격}) = (\text{원래 가격}) \times (\text{백분율을 소수로 나타낸 숫자})$$

위의 공식을 사용하려면 백분율을 소수로 나타낼 줄 알아야 한다. 30%는 100개 중에서 30개라는 뜻이다. 이것을 분수로 나타내면 $\frac{30}{100}$ 이고, 이를 다시 소수로 나타내면 0.3이다. 이 과정이 헷갈린다면 다음 표를 이용해 백분율을 소수로 나타낼 수 있다.

| 백분율 | ㉠ |  | ㉡ | ㉢ | % |
| --- | --- | --- | --- | --- | --- |
| 소수 | ㉠ | . | ㉡ | ㉢ |  |

㉠, ㉡, ㉢에 각각 같은 숫자를 넣어 주면 된다. 만약 백분율에서 ㉠에 해당하는 숫자가 없다면 소수 칸 ㉠ 자리에는 0을 입력한다. 30%라면 곱하기 0.30을 해주면 된다는 이야기다. 1%는 소수로 0.01, 15%는 소수로 0.15이다.

| 백분율 |  |  | 3 | 0 | % |
| --- | --- | --- | --- | --- | --- |
| 소수 | 0 | . | 3 | 0 |  |

원래 가격이 9,000원이고 30%를 할인해 준다면 아래와 같이 계산하면 된다.

$$9{,}000 \times 0.30 = 2{,}700$$

2,700원을 할인해 주니 9,000원에서 30% 할인된 가격은 6,300원이다.

이 과정마저 번거롭다면 최후의 방법으로 포털사이트 검색창에 '퍼센트 계산'을 검색해 빈칸을 입력하면 된다.

계산기

일반계산 공학계산 **퍼센트계산** 학점계산 비만도계산

| | | | | |
|---|---|---|---|---|
| 9,000 | 의 | 30 | %는 얼마? ? | 계산 |
| 전체값 예)10000 | 의 | 일부값 예)500 | 은 몇%? ? | 초기화 |
| 전체값 예)10000 | 이/가 | 증감값 예)25000 | 으로 변하면? ? | |
| 전체값 예)10000 | 이/가 | 증감율 예)25 | % 증가하면? ? | |

**2,700**

출처: 네이버

### ★ 9,000원의 30%를 계산하니 2,700원이 나와요. 그럼 물건을 2,700원에 살 수 있다는 이야기인가요?

아니에요. '30% 할인해드립니다'라는 말은 '30%만큼 가격을 깎아서 판매한다'라는 뜻입니다. 즉, 2,700원을 깎아준다는 거죠. 따라서 30% 할인은 원래 가격의 70%로 판다는 의미입니다. 만약 '9,000원짜리 물건을 원가의 30%에 판매합니다'라는 문구가 있다면 2,700에 팔고 있다는 뜻이겠죠?

### ★ 백분율 기호(%)를 '프로'라고도 하던데 잘못된 표현인가요?

50%를 오십 퍼센트, 혹은 오십 프로라고 읽습니다. 이때 '프로'가 일본에서 들어온 말이라 정확한 표기는 '퍼센트'라고 이야기하는 사람들이 있어요. 하지만 '퍼센트'와 '프로'는 모두 표준국어대사전에 있는 표준어입니다. 퍼센트는 영어인 'percent'를 나타낸 말이고, 프로는 네덜란드어 'procent'를 줄여 쓰던 것이 굳어진 표현이죠. 그러므로 두 단어 중 어떤 것을 사용해도 상관없어요.

## 30% 할인과 50% 할인을 합하면 80% 할인?

이제 이 사진 속 할인 표기가 왜 잘못된 건지 이해할 수 있을 것이다.

| 세팅 | | 크리닉 | | ~~180,000원~~ |
|---|---|---|---|---|
| ~~100,000원~~ 30% | + | ~~80,000원~~ 50% | = | TOTAL 80% 할인 |
| 70,000 | | 40,000 | | 110,000원 |

세팅의 원래 가격은 100,000원이고 30%(100,000원의 30%는 30,000원) 할인하여 70,000원을 받는다. 크리닉은 원래 가격이 80,000원인데 50%(80,000원의 50%는 40,000원) 할인해서 40,000원을 받는다. 두 금액을 합하면 원래 가격이 180,000원이고 그중 70,000원이 할인되어 110,000원만 내면 된다.

앞서 이야기한 백분율 구하는 방법을 이용하여 할인율을 구해보자. 비교할 양은 할인해 주는 가격 70,000원이고 기준량은 원래 가격인 180,000원이므로 아래 식을 활용해 계산하면 약 39%가 나온다.

| (비교하는 양) | ÷ (기준량) | × 100 | = (할인율) |
|---|---|---|---|
| 70,000 | ÷ 180,000 | × 100 | = 38.888888… |

위의 사진대로 180,000원의 80% 할인가는 144,000원이 된다. 계산대로라면 180,000원에서 144,000원이 할인된 가격인 36,000원에 세팅과 크리닉을 모두 받을 수 있어야 한다.

| (원래 가격) | × (백분율을 소수로 나타낸 숫자) | = (할인 가격) |
|---|---|---|
| 180,000 | × 0.80 | = 144,000(원) |

## 퍼센트(%)와 퍼센트포인트(%p)

| 오늘부터 10% 할인하던 상품의 할인율을 10% 올립니다. |
|---|

지나가던 길에 이런 문구가 적힌 가게를 발견했다고 하자. 마침 사려고 했던 물건이 가게에 있어서 원래 가격이 10,000원인 물건을 하나 챙겨 계산대 앞에 섰다. 얼마를 내야 할까? 혹시 8,000원이라고 대답했다면 틀렸다. 정답은 8,900원이다.

'10% 할인하던 상품의 할인율을 10% 올리면 20%이고, 10,000원의 20%는 2,000원이니까 10,000원에서 2,000원 할인한 가격은 8,000원 아닌가?'라고 생각하는 사람이 있을 것이다. 하지만 이것은 퍼센트(%)와 퍼센트포인트(%p)의 차이를 모르기 때문에 하는 실수이다. 지금부터 퍼센트와 퍼센트포인트에 대해 알아보자.

퍼센트(%)는 앞서 알아본 것처럼 백분율을 나타내는 단위이다. 백분율은 전체의 수량, 즉 기준량을 100으로 했을 때 비교하는 양이 그중 얼마나 되는가를 나타내는 수이다. 그래서 10% 할인율의 10%를 올린다는 말은 할인율 10%(기준량)의 10%( $\frac{10}{100}$ )인 1%를 올리겠다는 말이다. 따라서 새로운 할인율은 11%가 된다.

반면 퍼센트포인트(%p)는 백분율이 얼마나 늘고 줄었는지 나타낸 양으로 덧셈과 뺄셈으로 계산한다. 10%인 할인율이 3%p 오른다면 13%가 되고 10%인 할인율이 2%p 내려간다면 8%가 되는 것이다.

따라서 가게에 적힌 문구는 다음과 같이 해석해야 한다.

오늘부터 10% 할인하던 상품의 할인율을 10% 올립니다.
=
오늘부터 10% 할인하던 상품의 할인율을 1%p 올립니다.
=
어제는 할인율이 10%였고 오늘은 할인율이 11%입니다.

일상에서 흔히 퍼센트(%)와 퍼센트포인트(%p)를 혼동해서 사용하는 경우가 많다. 주변 사람들과 의사소통할 때야 큰 문제 없겠지만, 금융 생활에서 이 둘의 차이로 인해 낭패 보는 일이 없도록 반드시 구분해서 사용해야 한다. 만약 누군가 2% 이자율의 저축상품에 가입하려는 나를 붙잡고 은행보다 이자를 10% 더 줄 테니 본인에게 맡기라고 한다면 12%가 아니라 2.2%를 이야기하는 것이다. 물론 이자율과 상관없이 은행이 아닌 개인에게 돈을 맡기는 것은 위험하다.

# 숫자 조작을 예방하는 방법

어떤 사람에게 돈을 빌리고 빌린 금액과 상환일을 적은 계약서를 아래와 같이 작성해두었다고 가정해보자.

> 김금융은 2021년 12월 31일까지 이상식에게
> 100만 원을 갚아야 한다.

상환일이 돌아오자 김금융은 100만 원을 준비해서 이상식에게 건넸다. 그런데 이상식은 다짜고짜 왜 1,100만 원이 아니라 100만 원밖에 안 주냐고 따진다. 황당한 김금융은 이상식이 들고 있던 계약서를 빼앗아 확인한다. 계약서에는 1,100만 원이라는 글자가 선명하게 적혀있다.

> 김금융은 2021년 12월 31일까지 이상식에게
> 1100만 원을 갚아야 한다.

지어낸 이야기지만 충분히 있을법한 사례다. 물론 계약서를 작성할 때는 계약자의 인원수대로 작성해서 보관해야 하지만 그 얘기는 잠시 접어두고 숫자로 금액을 적었을 때의 문제점만 살펴보자. 이 이야기에서 알 수 있듯 숫자는 마음만 먹으면 충분히 조작할 수 있다.

## 조작이 쉬운 숫자

금액을 나타낼 때 우리는 주로 숫자를 사용한다. 쓰기도 편하고 직관적이기 때문이다. 그리고 언어와 상관없이 대부분 사람이 알아볼 수 있는 글자이다. 하지만 숫자는 조작하기 쉽다는 단점이 있다. 또한, 숫자를 조작할 경우 엄청난 금액 차이가 생겨난다. 숫자를 조작할 수 있는 몇 가지 예를 살펴보자

• 숫자를 추가하는 경우

우리가 사용하는 10진법에서는 자릿수 하나가 10배의 차이를 가져온다. 400만 원이 4,000만 원이 되는 데는 '0'이라는 숫자 하나면 충분하다. 앞자리에 숫자를 추가할 때에는 10배보다 더 큰 차이가 난다.

| 400 → 4000<br>400 → 8400 |
|---|

• 숫자를 변형하는 경우

우리가 사용하는 아라비아 숫자는 아주 적은 획수로 쓸 수 있다. 그래서 다른 숫자로 위조하기도 쉽다. 특히 1이라는 숫자는 4나 7 등으로 바꿔 쓸 수 있다.

| 100 → 400<br>100 → 700 |
|---|

## 조작을 방지하려면

위의 그림처럼 원래 숫자에 한두 획만 추가해도 금액은 몇 배로 불어난다. 그래서 우리는 숫자를 적을 때, 특히 계약서를 작성할 때는 이런 조작을 방지하려고 여러 가지 방법으로 금액을 기록한다. 지금부터 그 방법에 대해 알아보자.

• 글자로 기록하기

금액이 커질수록 0이 하나 붙고 안 붙고의 차이는 엄청나다. 100이라는 숫자 뒤에 0을 하나 붙이면 1,000이 되어 900이 늘어나지만, 1,000,000이라는 숫자에 0이 하나 더 붙으면 10,000,000이 되어 900만이 늘어난다.

작정하고 조작하는 경우가 아니더라도 금액이 커질수록 숫자의 개수가 늘어나서 실수할 가능성도 커진다. 따라서 중요한 계약서나 큰 금액을 적을 때는 숫자 대신 글자로 금액을 기록한다. 부동산 계약을 하거나 은행에서 대출받을 때도 숫자 대신 글자로 금액을 적는다. 글자는 숫자보다 획수가 많으므로 조작이 어렵다. 그리고 숫자를 읽는 그대로 적기 때문에 금액을 잘못 적을 가능성도 작아진다.

| 100,000,000원 → 일억 원 |
|---|

• 앞에 금(金) 자를 붙이기

글자로 적더라도 여전히 조작 가능성은 남아있다. 앞에 글자를 하나 더 적어버리면 그만이다.

| 일억 원 → 십일억 원 |
|---|

그래서 우리는 금액을 적을 때 맨 앞에 금(金)이라는 글자를 붙이거나 화폐기호인 ₩, $ 등을 쓰기도 한다. 이처럼 맨 앞에 '금'(또는 화폐기호)이라는 글자를 넣어 조작을 방지하는 것이다. 금 대신 전부의 돈을 뜻하는 '일금'을 붙여도 된다.

| 일억 원 → 금일억 원 |
|---|

• 여백 두지 않기

만약 금액을 읽기 편하게 하려고 다음처럼 적었다면 어떻게 될까?

금 이억 오천만 원

앞뒤가 '금'과 '원'으로 막혀있어 조작이 어려워 보이지만 나쁜 마음을 먹으면 어떻게든 방법을 찾아낸다. 이 경우 띄어쓰기가 조작에 이용될 수 있다.

금십이억 오천만 원

따라서 금액을 적을 때는 아래와 같이 띄어쓰지 않고 적어야 한다.

금이억오천만 원

- '일(1)'을 빼먹지 않기

숫자를 글자로 적을 때 흔히 천만 원, 만 원, 천 원과 같이 적는데, 이때에도 글자를 추가해 조작할 수 있으므로 반드시 일(1)이라는 글자를 붙이도록 하자. 일천만 원, 일만 원, 일천 원과 같이 적어야 한다.

## 한자도 조작한다?

지금은 대부분 아라비아 숫자를 사용하지만, 과거 우리나라는 한자로 숫자를 표기했다. 1900년대 초 대한제국의 공문서에도 숫자는 모두 한자로 적혀있다. 아라비아 숫자를 쓴 지 100년 남짓밖에 안 된 것이다. 이 말은 100여 년 전만 해도 한자로 숫자를 나타냈다는 이야기다. 또한, 그 시절에도 숫자를 조작하는 사례가 있었나 보다. 특히 一(한 일), 二(두 이), 三(석 삼)은 획수가 적어 조작이 쉬웠다. 一은 말할 것도 없고, 二는 三이나 百(일백 백), 三은 五(다섯 오)로 조작할 수 있다.

二→百

그래서 한자로 수를 적을 때 조작을 막기 위해 '갖은자'라는 것을 사용했다. 지금은 한자로 숫자를 표기하지 않지만, 만에 하나 갖은자가 쓰인 문서를 봤을 때 당황하지 않도록 우리나라에서 흔히 쓰는 갖은자는 무엇인지 살펴보자. 또한, 위·변조가 어려운 숫자는 갖은자를 갖고 있지 않다.

또한 한자로 숫자를 적을 때에도 숫자 앞에 금(金) 또는 일금(一金)을 적고 띄어쓰기는 하지 않아야 한다.

[한자 갖은자]

| 아라비아숫자 | 1 | 2 | 3 | 4 | 5 | 6 | 7 | 8 | 9 | 10 | 100 | 1000 |
|---|---|---|---|---|---|---|---|---|---|---|---|---|
| 한자 | 一 | 二 | 三 | 四 | 五 | 六 | 七 | 八 | 九 | 十 | 百 | 千 |
| 갖은자 | 壹 | 貳 | 參 | 肆 | 伍 | 陸 | 柒 | 捌 | 玖 | 拾 | 佰 | 仟 |

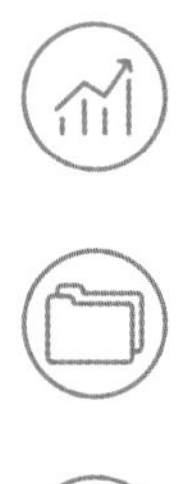

# Chapter 02

# 돈, 돈, 돈, 돈! 화폐의 종류

# 땡그랑 한 푼, 땡그랑 두 푼

'땡그랑 한 푼, 땡그랑 두 푼'
동요 〈저금통〉 가사의 한 부분이다. 이 동요가 나온 시절만 해도 몇 주 사이에 저금통을 동전으로 가득 채울 만큼 동전이 흔했다. 하지만 요즘 사람들은 동전을 거의 쓰지 않는다. 그럼 쓰지도 않는 동전, 없애버리면 안 되는 걸까?

가장 최근에 동전을 써 본 적이 언제인지 생각해보자. 나의 경우 우체국에 등기 우편을 부치러 갔을 때 봉툿값 100원을 내기 위해 동전을 사용했었다. 그리고 마트에서 카트를 이용하려고 100원을 쓴 기억도 있다. 조금 더 이전 이야기를 하자면 고등학교에 다닐 때 일명 '판치기'라는 동전 뒤집기 놀이(사실상 도박)를 하는 데 동전을 썼다. 앞서 이야기한 곳들이 아니라면 아마도 요즘엔 동전 쓸 일이 거의 없을 것이다. 가끔 거스름돈으로 생긴 동전은 집에 있는 돼지저금통으로 들어간 뒤 쿨쿨 잠만 자는 경우가 대부분이다. 동전이 지폐보다 무거워서 들고 다니기 힘들다는 이유도 있겠지만, 동전을 사용하지 않는 가장 큰 이유는 동전의 화폐 가치가 낮기 때문일 것이다.

2018년 기준 대한민국 현금 사용률은 14%로 전 세계에서 가장 낮은 수준이다. 이웃 나라인 일본(82%), 유럽의 스페인(87%), 이탈리아(86%)와 비교했을 때 매우 낮은 수준이며, 미국(32%)이나 중국(40%)과 비교해도 낮은 수준이다. 체크카드, 신용카드 사용이 일상화되었고 그것도 모자라 삼성페이, 카카오페이 같은 전자 결제 시스템도 일상에 자리 잡았다. 휴대 전화만으로 모든 금융 생활이 가능한 시대가 된 것이다.

상황이 이러니 사람들이 잘 쓰지 않는 지폐(특히 동전)는 없애는 게 낫지 않을까? 생각하겠지만, 현금 사용률이 0%가 아닌 이상 현금을 없애는 건 불가능하다. 현금 사용률이 세계에서 가장 낮은 수준이라고 하지만, 모바일 결제가 어려운 노인이나 어린이 등 여전히 많은 사람이 지폐를 사용하고 있기 때문이다.

---

★ 잘 쓰지 않는 '동전'은 없애도 되지 않을까요?

동전, 특히 10원짜리는 없애도 큰 문제가 없을 것으로 보입니다. 10원짜리는 자판기에서 쓸 수도 없고, 마트의 카트에도 들어가지 않거든요. 판치기에서 10원짜리를 꺼냈다가는 친구들에게 욕을 한 바가지 얻어먹을 수도 있죠. 집에 10원짜리가 있다면 그걸 어딘가에 쓰기보다는 모아뒀다가 큰 단위의 현금으로 교환할 거예요. 그것도 귀찮으면 마냥 방치할 수도 있겠죠. 더군다나 10원짜리 동전 한 개를 만드는 데 20원 이상의 비용이 든다고 합니다. 동전의 가치보다 만드는 비용이 더 드는 10원짜리, 없애도 괜찮을 것 같은가요?

하지만 10원짜리를 없애는 것은 생각보다 쉽지 않습니다. 가장 큰 이유는 10원짜리 동전을 없애면 물가가 상승할 수 있기 때문이죠. 마트에 1,020원짜리 A라는 물건이 있다고 생각해봅시다. 만약 10원짜리 동전이 없어진다면 현금으로 1,020원이라는 금액을 낼 수 없게 돼요. 따라서 A 물건의 가격 조정이 필요하겠죠. 10원짜리가 없어지면 50원짜리가 가장 작은 단위의 화폐이므로 마트에서는 1,000원 또는 1,050원으로 가격을 조정해야 합니다. 당연한 이야기지만 마트는 조금이라도 더 이윤을 남기려 할 것이므로 1,020원이었던 물건 가격은 1,050원이 될 가능성이 커요. 고작 30원이 오른다고 생각할 수 있겠지만, 백분율로 계산하면 가격이 약 3% 증가하는 셈입니다. 이 같은 이유로 10원짜리 동전을 없애는 건 생각보다 쉽지 않아요.

# 이황부터 신사임당까지

우여곡절 끝에 금고 열쇠를 얻게 된 건수. 금고 속 돈을 찾기 위해 스포츠 백을 어깨에 메고 돼지금고를 찾아간다.
'돈 찾아가려고요. 전부 다!'
건수가 들고 온 스포츠 백을 힐끗 쳐다보는 금고 업체 사장.
고개를 갸웃거리며 건수를 금고로 안내하는데!
스포츠 백에 담기엔 어림도 없을 정도의 어마어마한 돈다발이 커다란 방을 가득 채우고 있다.

영화 <끝까지 간다>의 마지막 장면이다. 커다란 방을 가득 채운 돈, 이 장면을 본 대부분 사람은 나와 같은 생각을 했을 거라고 확신한다. '저게 다 얼마야?'

이 영화의 감독은 주인공이 갖게 된 '어마어마한 돈'을 표현하고 싶었을 것이다. 그리고 그 장면에 다른 것도 아닌 지폐를 사용했다. 100억 등과 같이 숫자로 나타낼 수도 있었지만 그렇게 하지 않았다. 그 이유는 지폐의 특징에서 알아볼 수 있다.

지폐의 첫 번째 특징은 '추적의 어려움'이다. 금고 안의 돈은 비리 경찰이 불법을 저지르며 모은 돈이었고, 이 돈의 출처를 남기지 않으려고 현금을 사용한 것이다. 영화 속에서 비상금은 늘 현금다발로 어딘가에 숨어있고, 납치범이나 보이스피싱 범죄자도 한결같이 '현금'을 요구한다. 비리 정치인에게 뇌물을 줄 땐 현금을 사과 상자에 담아 전달한다.

두 번째 지폐의 특징은 지폐가 주는 양감(표현된 대상이 지니는 부피감 혹은 무게감)이 숫자보다 크다는 것이다. 숫자 100억도 충분히 큰돈으로 느껴지겠지만, 눈앞에 잔뜩 쌓인 지폐를 볼 때와는 느낌이 다르다. 숫자로 거래하는 것보다 실물 화폐로 거래하는 게 피부에 더 와 닿는 것이다. 용돈을 받을 때 계좌이체보다 지폐를 받는 게 더 기분 좋았던 경험을 다들 해봤을 것이다.

세 번째 지폐의 특징은 운반이 어렵다는 것이다. 지폐는 들고 다니기 어렵고 부피가 크다. 자동차를 사거나 부동산 계약을 할 때 현금다발을 들고 가서 계산하는 사람을 요즘엔 찾아볼 수 없다. 물론 여기서 말하는 운반의 어려움은 일상에서 사용하는 금액이 아니라, 어느 정도 큰 금액일 때의 이야기다. 하지만 작은 금액이라도 지폐는 분실의 우려가 늘 따라다닌다.

# 백지수표에는 얼마를 적을까?

*기분 좋은 상상을 해보자. 어느 날 길을 걷다가 곤경에 처한 사람을 도와주었다. 도움받은 사람은 연신 감사 인사를 하며 지갑에서 무언가를 꺼내 내 손에 꼭 쥐어 준 뒤 홀연히 사라진다. 그 사람이 준 종이를 보니 이게 웬걸? 수표다. 수표는 수푠데 금액이 적혀있어야 할 곳에 아무것도 적혀있지 않다.*
*말로만 듣던 백지수표! 당신은 얼마를 적을 것인가?*

실제로 일어날 일이 없다는 걸 알면서도 얼마를 적을지 잠깐 고민했을 것이다. 인생에 한 번 올까 말까 한 행운인데, 10억을 적을까? 아니면 100억? 그것도 아니면 100조를 적어버릴까? 적는 대로 돈이 생기는 마법의 종이를 가졌다는 생각이 든다. 그런데 안타깝게도 백지수표에 적을 수 있는 금액은 무한정이 아니다. 터무니없는 금액을 적었다가 아예 그 수표를 사용하지 못할 수도 있다.

내가 초등학교에 다니던 시절 담임선생님은 칭찬스티커를 모은 보상으로 학교 앞 '문구점 이용권'을 주셨다. 선생님께 받은 문구점 이용권을 가지고 있다가 어느 날 과자를 사 먹으려 했는데, 문구점 아저씨가 이제 이용권을 쓸 수 없다고 말씀하셨다. 선생님이 문구점에 미리 맡겨둔 금액에서 우리 반 친구들이 가져온 문구점 이용권의 가격을 차감하는 방식이었는데, 선생님이 맡겨둔 돈이 이미 바닥나서 이제 문구점 이용권을 쓸 수 없다는 것이었다.

이 이야기에서 '문구점 이용권'을 '백지수표'와 비교해볼 수 있다. 아무것도 살 수 없는 문구점 이용권은 한낱 종이에 불과하다. 백지수표도 마찬가지다. 백지수표는 지급인이 지불할 수 있는 한도 내의 금액을 적었을 때만 사용할 수 있다. 지급인의 통장 잔액이 99만 원인데 100만 원짜리 수표를 발행할 수는 없다는 뜻이다. 즉 백지수표는 무한대의 돈을 만들어주는 마법의 종이가 아니므로, 만약 백지수표를 받게 된다면 지급인이 지불할 수 있는 한도 내에서 원하는 금액을 적어야 한다. 백지수표는 지급인이 어떤 마음을 가졌는지 보여주는 상징적인 의미로 생각하는 게 좋을 것 같다.

백지수표를 포함한 모든 수표는 유가증권의 한 종류이다. 유가증권이란 재산적 권리를 표시한 증서로 화폐, 주식, 채권, 수표 등이 포함된다. 가장 흔히 볼 수 있는 유가증권은 문화상품권이나 백화점상품권 등이 있다.

### ★ 수표를 현금으로 바로 바꿀 수 있나요?

수표를 현금으로 바꿀 때는 발급 은행과 지급은행의 일치 여부에 따라 과정이 달라져요. A 은행에서 발급한 수표의 경우 신분증을 가지고 A 은행에 방문하면 수표의 진위를 확인 후 바로 현금으로 바꿀 수 있습니다. 하지만 A 은행에서 발급한 수표를 B 은행에 방문해서 현금으로 바꾸고자 한다면 수표의 진위를 확인하는 데 시간이 걸리므로 다음 날 현금화할 수 있습니다.

### ★ 요즘에도 수표를 많이 쓰나요?

2009년에 5만 원권 지폐가 발행되고 전자 방식의 금전 거래가 활발해지며 수표의 이용 건수는 해가 갈수록 줄어들고 있어요. 10만 원권 자기앞수표의 경우 2007년 4백만 건 가까이 이용되었지만 2014년에 들어서는 1백만 건 이하로 줄었어요.

# 요즘 현금을 누가 쓰니?

*잔돈은 됐어요. 아저씨, 오늘은 기분이 좋거든요♪*

*다이나믹듀오의 〈잔돈은 됐어요〉 노래 속 인물들은 저마다 사연을 안고 택시에 탄다. 그리고 목적지에 도착해 내릴 때는 하나같이 똑같은 말을 한다.*

*'잔돈은 됐어요.'*

*그런데 이 말 최근엔 언제 써봤더라?*

잔돈, 거스름돈이라는 말을 쓰는 횟수가 점점 줄고 있다. 현금 쓰는 사람은 줄고 카드 쓰는 사람이 많아졌기 때문이다. 내 지갑만 해도 카드를 넣을 수 있는 공간이 부족해 한 칸에 카드를 두 장씩 넣어두었다. 사실 요즘은 지갑을 들고 다니는 것도 무의미해졌다. 카드를 핸드폰에 넣을 수 있기 때문이다.

이처럼 현금보다 사용도가 높은 카드에는 어떤 종류가 있는지 알아보자.

• 선불카드

선불카드는 말 그대로 미리 낸 금액만큼 사용할 수 있는 카드를 말한다. 대표적으로 선불교통카드, 선불주유카드, 지하철 정기승차권 등이 있다. 선불카드를 상품권처럼 구매할 수도 있고, 코로나19로 인한 재난지원금을 선불카드로 지급한 지자체도 있었다. 미리 낸 금액을 다 사용한 뒤 다시 충전할 수 있는 카드도 있고, 충전 기능이 없는 카드도 있다.

• 직불카드

직불카드는 은행 예금계좌를 가지고 있는 사람이면 누구나 만들 수 있다. 1,000원짜리 물건을 직불카드로 사면 통장에서 즉시 1,000원이 빠져나가는 식이다. 직불카드 가맹점에서 사용할 수 있고, 사용 시간은 은행공동망이 가동하는 시간(오전 8시~오후 11시 30분)으로 제한되어 있다. 통장에 잔액이 없으면 직불카드로는 결제를 할 수 없다.

• 체크카드

체크카드(Check Card)의 체크(Check)는 우리말로 번역하면 '수표'다. 백지수표가 지급인이 지불할 수 있는 한도 내의 금액만 기입할 수 있었던 것처럼 체크카드도 지불할 수 있는 한도 즉, 체크카드와 연결된 통장의 잔액만큼만 사용할 수 있다. 통장에 잔액이 없거나 모자라면 체크카드로 결제할 수 없다. 여기까지만 보면 직불카드와 다르지 않다. 하지만 체크카드는 은행에서 만들더라도 발급은 신용카드사에서 한다. 따라서 신용카드 가맹점이라면 어디서든 사용할 수 있고, 직불카드와 달리 24시간 사용할 수 있다.

• 신용카드

1950년 미국의 프랭크 맥나마라는 사업가는 뉴욕의 한 음식점에서 식사를 마친 뒤 본인이 지갑을 챙겨오지 않았다는 것을 알게 되고 곤혹을 치렀다. 이후 이 경험에서 아이디어를 얻은 맥나마는 같은 음식점을 방문해 카드 판을 내밀며 식사 후 이 카드 판에 사인하고 나중에 한꺼번에 비용을 내겠다고 했다. 식당 주인은 음식점의 단골이었던 맥나마를 믿고 제안을 받아들였다. 이것이 최초의 신용카드 '다이너스클럽'이다.

신용카드는 개인의 신용을 믿고 카드사가 가맹점에 대금 지급을 약속하는 일종의 '외상'이다. 소비자가 상품이나 서비스를 먼저 받고 나중에 계산하는 것이다. 이때 상점과 소비자 사이에서 중개인 역할을 하는 게 신용카드회사다. 신용카드 역시 체크카드와 마찬가지로 신용카드 가맹점에서 24시간 사용할 수 있다.

신용카드의 사용은 우리의 금융 생활에 깊숙이 자리 잡았고, 아주 중요하므로 6장에서 좀 더 자세히 알아보도록 하자.

# 새로운 돈의 등장

화폐가 생기기 전, 사람들은 필요한 물건을 얻기 위해 물물교환을 했다. 하지만 물물교환에는 불편한 점이 많았다. 상대방이 원치 않는 물건이라면 교환이 안 되었고, 그보다 더 큰 문제는 물건을 들고 다니기 번거롭고 무겁다는 것이었다. 이런 불편함을 해소하기 위해 인류는 화폐를 만들어내기 시작했다. 그리고 인류는 그동안 다양한 화폐를 사용했다. 조개껍데기를 사용하기도 했고 돌이나 소금, 짐승 이빨을 화폐로 쓰기도 했다. 그러다가 점차 기술이 발달하며 금속으로 된 화폐도 모습을 드러냈다. 이렇게 다양한 모습으로 진화된 화폐는 시간이 지나며 동전과 지폐의 모습으로 자리 잡았다. 오늘날의 '돈'이다.

하지만 최근 들어 화폐의 모습이 또다시 변화하고 있다. 앞서 살펴본 카드가 동전과 지폐를 대신하기 시작한 것이다. 더 나아가 이제는 디지털 화폐가 그 자리를 넘보고 있다. 블록체인 기술을 활용한 암호화폐, 삼성페이, 네이버페이 같은 전자화폐 등이 그것이다. 이렇듯 화폐의 모습은 시대에 따라 그 모습이 달라졌고 지금도 현재 진행형이다. 얼마 전 엘살바도르에서는 세계에서 최초로 비트코인을 법정화폐로 인정했다. 각국의 중앙은행은 CBDC(Central Bank Digital Currency), 즉 중앙은행에서 발행하는 디지털 화폐를 개발하고 있다.

기존의 화폐 형태를 대신할 새로운 화폐가 지폐와 동전, 카드를 대신할 수 있을까? 100년 뒤 우리는 어떤 화폐를 사용하고 있을까?

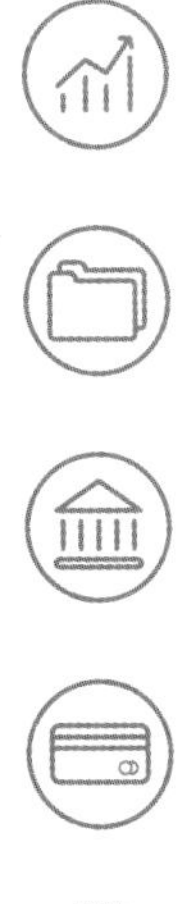

# Chapter 03

# 금융 생활 속 나의 신분증

# 본인확인, 어떻게 할까?

금융 생활에서 본인확인은 필수적이다. 본인확인 없이 이루어지는 금융거래는 여러 범죄에 악용될 우려가 있다. 누군가가 내 명의를 도용해 대출받는다면, 나는 빌리지도 않은 돈을 억울하게 갚아야 하는 경우가 생길 수도 있다. 따라서 금융거래에서 본인확인 절차는 필수로 이루어져야 한다. 그렇다면 금융 생활에서 본인임을 확인하는 방법에는 어떤 것들이 있을까?

## 나를 증명해주는 신분증

신분증 확인은 빠르고 간편하게 신분을 확인할 수 있는 가장 기본적인 절차다. 금융거래 시 제시할 수 있는 신분증으로는 주민등록증, 운전면허증, 여권, 청소년증 등이 있다. 학생증은 신분증으로 받아주지 않는 경우가 많으니 참고하자. 신분증은 대부분 금융거래에서 필수로 요구하므로 반드시 챙겨서 다니는 게 좋다.

### ★ 신분증을 분실했어요. 어떻게 해야 하나요?

신분증을 잃어버렸을 때는 즉시 분실신고를 해야 합니다. 보통 신용카드는 잃어버린 즉시 분실신고를 하는 반면, 신분증은 분실신고를 안 하는 경향이 있어요. 하지만 주민등록번호 등 개인정보가 도용될 수 있으니 빨리 분실신고를 하는 게 좋습니다. 주민등록증 분실신고는 가까운 관공서(행정복지센터)에 방문하거나, 정부24 사이트에서 신청할 수 있습니다.

분실신고를 마쳤다면 주민등록증 재발급 신청도 해야겠죠. 이때는 증명사진과 수수료(5,000원)가 필요합니다. 재발급까지 보통 3주 정도 걸리고, 재발급 신청한 기관을 방문하거나 등기우편으로 받을 수도 있습니다.

운전면허증은 전국 운전면허시험장, 경찰서(파출소는 발급 불가) 민원실, 안전운전통합민원 홈페이지에서 재발급 신청할 수 있습니다. 이때, 신분증이 필요하므로 주민등록증과 운전면허증을 동시에 분실했다면 주민등록증 재발급 신청을 먼저 해야 합니다. 운전면허시험장에서는 재발급 신청 즉시 새로운 운전면허증을 발급해주지만, 경찰서나 안전운전통합민원 홈페이지에 신청하면 시간이 좀 걸릴 수도 있어요.

### ★ 주민등록증 재발급 전까지 신분증 없이 지내야 하나요?

행정복지센터에서 주민등록증 재발급 신청을 하면 '주민등록증 발급신청 확인서'를 줍니다. 주민등록증이 재발급 되기 전까지 이 종이를 들고 다니며 신분증 대신 사용할 수 있습니다. 단, 유효기간이 한 달이니, 그 전에 주민등록증을 찾아가야겠죠.

## 내가 확인했음을 증명하는 방법

금융거래 시 여러 증서나 계약서 등을 작성할 때, 본인이 확인하였고 이에 대한 책임을 지겠다는 표시를 하게 된다. 이때 사용되는 방법으로 기명, 서명, 날인, 무인 등이 있는데 각각의 뜻을 알아보자.

기명을 자신의 이름을 적는 것을 말한다. 이때 자신의 이름은 꼭 자필로 쓴 게 아니어도 된다. 인쇄된 것, 다른 사람이 대신 적은 것도 상관없다.

서명은 본인이 직접 자신의 이름을 쓰는 것을 말한다. 서명은 기명과는 달리 반드시 본인이 직접 해야 하며, 다른 사람이 대신 해주어서는 안 된다.

날인은 도장 찍는 것을 말한다. 이때 도장은 어떤 형태라도 상관없다. 원형, 사각형, 한글, 한자 등 어떤 것을 써도 괜찮다는 의미다.

무인은 손가락 지문을 찍는 것이다. 흔히 지장이라고 하며, 대부분 오른쪽 엄지손가락을 많이 찍지만 어떤 손가락이어도 상관없다.

---

★ 통장개설을 할 때 꼭 도장을 들고 가야 하나요?

아니요. 통장을 만들 때 날인 또는 서명을 하게 되어 있으므로, 둘 중 어떤 방법을 선택해도 상관없습니다. 하지만 도장을 찍을 경우 날인된 도장을 다른 사람이 가져가면 본인이 아니어도 돈을 출금할 수 있습니다. 하지만 서명을 하게 되면 본인만 출금할 수 있어요.

## 인감, 절대로! 누구에게도 주지 마세요

인터넷에 '인감도장'을 검색하면 고급스러운 재료에 화려한 문양이 새겨진 비싼 도장들이 나온다. 그래서 인감도장을 도장 중 가장 값나가는 도장으로 생각할 수 있다. 그러나 인감도장은 재료나 가격에 의해 정해지는 것이 아니다.

인감등록이란 이 도장의 주인이 '나'라는 것을 증명하기 위해 미리 관공서에 제출하는 '도장 자국'을 뜻한다. 이 도장은 내 도장이라고 국가에 등록해놓는 것이다. 즉, 인감도장이란 '관공서에 등록한 도장 자국을 찍은 도장'을 말한다. 그리고 인감을 등록하는 순간 인감도장은 엄청난 힘을 가진다.

인감도장이 날인된 서류는 인감도장의 주인이 동의했음을 국가에서 증명하는 것이나 다름없다. 만약 누군가 내 인감도장으로 계약을 하거나 대출을 받았다면 그 계약과 대출은 인감도장의 주인인 내가 한 것이며 책임 또한 내가 져야 한다. 따라서 인감도장은 절대로 누구에게 빌려주어서도 잃어버려서도 안 된다. 인감은 매우 강력한 본인확인 수단이다.

인감은 부동산 계약, 대출 등 중요한 서류를 작성할 때 필요하다. 그리고 사용된 인감도장이 관공서에 등록된 인감과 같다는 것을 증명하기 위해 인감증명서를 함께 준비해야 한다. 인감증명서는 기본적으로 본인만 발급받을 수 있다. 본인만 가지고 있어야 하는 인감도장, 본인만 발급받을 수 있는 인감증명서이므로 무엇보다 확실한 증명 수단이 되는 것이다.

인감도장은 몇 번을 강조해도 모자랄 만큼 중요하고 엄청난 힘이 있다. 그러니 인감도장과 인감증명서는 절대로 다른 사람에게 함부로 맡기지 않아야 한다.

### ★ 인감도장은 어떻게 만드나요?

인감도장은 몇 가지 사항만 지키면 어떤 형태, 재료로 만들어도 괜찮아요. 먼저 도장에 새길 이름이 주민등록상 이름과 같아야 합니다. 이때 이름은 한자, 한글 무엇이든 괜찮지만, 이모티콘이나 캐릭터 등은 새길 수 없어요. 도장 크기는 가로 세로가 7mm 이상 30mm 이내여야 하고, 위조 방지를 위해 손으로 직접 새긴 도장을 인감도장으로 하는 것이 좋습니다.

### ★ 인감은 어떻게 등록하나요?

인감을 등록하려면 인감도장과 신분증을 가지고 행정복지센터(주민등록 주소지상)에 방문해야 합니다. 주민등록 주소지가 A동이라면 A동 행정복지센터에서만 인감등록을 할 수 있어요.

### ★ 인감증명서는 어떻게 발급받나요?

인감증명서는 주민등록 주소지와 상관없이 어느 행정복지센터에서나 발급받을 수 있습니다(수수료 600원, 인터넷 발급 불가). 위임장이 있다면 대리인이 발급받을 수도 있어요. 만약 다른 사람이 내 인감증명서를 발급받을까 봐 걱정된다면 본인 외 인감 발급 금지 신청을 할 수도 있습니다. 이 경우 위임장이 있더라도 본인 이외에는 인감증명서를 발급받을 수 없어요.

### ★ 인감도장이나 인감증명서를 분실했다면 어떻게 해야 할까요?

최대한 빨리 인감 변경신청을 해야 합니다. 차일피일 미루는 사이에 누군가가 내 인감도장과 인감증명서로 어떤 일을 벌일지 알 수 없어요. 그리고 혹시 모를 분실에 대비해 인감증명서 용도란에 구체적인 용도를 기록해 두는 게 좋습니다. 부동산 계약용으로 발급한 인감증명서를 대출용으로는 사용할 수 없기 때문이죠.

## 본인서명사실 확인서

인감은 도장으로 본인임을 인증하는 방법이다. 하지만 도장은 분실 위험도 있고 얼마든 복제할 수 있다. 이런 단점을 보완하고자 2012년부터 시행된 것이 본인서명사실확인 제도이다. 본인서명사실확인서는 인감증명서에서 인감 대신 서명을 사용하는 방법이라고 생각하면 된다.

본인서명사실확인서는 사전 신고 없이 어디서나 발급받을 수 있다. 신분증을 가지고 가까운 행정복지센터에 방문하면 된다. 단, 본인 이외에는 발급받을 수 없고, 발급된 확인서는 인감증명서와 같은 효력을 가진다. 또한, 처음 한 번만 행정복지센터를 방문하여 신청하면 이후에는 인터넷(정부24)을 통해서도 발급받을 수 있다.

## 온라인에서 나를 증명하는 방법

인터넷과 모바일 환경의 발전으로 이제는 은행에 방문하는 횟수도 점점 줄고 있다. 이처럼 비대면으로 금융업무를 보는 경우가 많아지고 있는데, 온라인상에서 신분증을 매번 사진으로 보내고 확인하는 것은 너무 번거로운 일이다. 그래서 온라인에서 금융거래할 때는 신분증을 제시하는 대신 다른 방법을 사용한다. 대표적인 방법으로 공인인증서가 있다. 1999년부터 일률적으로 사용되던 공인인증서는 2020년 12월 10일 전자서명법이 개정되며, 좀 더 다양한 방법으로 진화했다.

이제는 온라인에서 금융거래 등을 할 때 발급기관에 따라 공동인증서, 금융인증서, 민간인증서로 본인임을 증명한다. 각각의 인증서에는 어떤 특징과 차별점이 있는지 살펴보자.

• 공동인증서(구, 공인인증서)

공동인증서는 공인인증서의 이름이 바뀐 것으로 생각하면 된다. 공동인증서는 온라인 금융업무, 전자상거래 시 신원 확인을 위해 사용되는 보안 수단이다. 공동인증서를 발급받으면 은행, 보험, 신용카드, 전자정부 민원서비스(정부24), 국세청 홈택스의 연말정산 등 온라인 업무를 이용할 수 있다.

공동인증서를 발급받으려면 먼저 은행(또는 증권사) 계좌를 개설하고 인터넷 뱅킹(증권사의 경우 사이버 트레이딩)을 신청해야 한다. 이미 계좌가 있다면 기존 계좌에 인터넷 뱅킹을 신청하면 된다. 예전에는 은행에 직접 방문하여 인터넷 뱅킹을 신청해야 했지만, 지금은 비대면으로도 가능하다. 인터넷 뱅킹을 신청하면 은행에서 아이디, 참조번호, 인가코드 보안카드나 OTP 등을 설정해 안내해 준다. 발급받은 아이디를 가지고 은행(또는 증권사)의 홈페이지 또는 은행 애플리케이션에 접속한다.

은행마다 조금씩 차이가 있지만 대부분 인증센터 ⇨ 개인인증센터 ⇨ 공동인증서(구, 공인인증서) 순서로 찾아가면 공동인증서를 발급받을 수 있다. 또는 금융감독원 금융인증센터 홈페이지에서도 발급받을 수 있다. 해당 사이트의 안내에 따라 입력 및 인증을 거치고 인증서 프로그램을 내려받아 컴퓨터나 USB 등에 설치하면 공동인증서 발급이 마무리된다.

• 금융인증서

전자서명법 시행(2020.12.10.) 이후부터는 금융기본서가 기본으로 발급된다. 금융인증서는 기존 공인인증서의 단점이었던 발급, 이용 절차의 불편함을 개선한 인증 서비스라고 생각하면 된다. 기존 공인인증서는 하드디스크나 USB 등에 인증서를 저장해야 했다. 하지만 금융인증서는 금융결제원의 클라우드에 인증서를 보관하므로 분실이나 유출 걱정 없이 편리하게 사용할 수 있다. 인터넷만 연결되어 있다면 언제 어디서나 인증할 수 있는 것이다. 그리고 특수문자를 포함해 10자리 이상의 비밀번호를 설정해야 하는 공동인증서와 달리 6자리 숫자로만 비밀번호를 설정할 수 있어서 편리하다. 갱신 기간도 3년으로 긴 편이라 번거로움이 덜하다. 공동인증서보다 사용처가 좁다는 단점이 있지만(2021년 7월 기준), 이런 단점을 보완하기 위해 금융결제원에서는 앞으로 금융인증서의 사용처를 넓혀갈 계획이라고 한다.

• 민간인증서

민간인증서는 금융감독원 등의 공공기관이 아닌 민간기관에서 발급하는 인증서이다. 대표적으로 카카오페이, 네이버페이, 이동통신 3사 PASS, 토스 등이 있다. 해당 민간인증서 기관과 제휴한 곳에서는 온라인 서비스를 이용할 수 있지만, 아직 은행 업무는 볼 수 없는 등 사용처가 제한적이다.

### ★ 개인 은행/신용카드/보험용 공동인증서와 개인 범용 공동인증서는 어떻게 다른가요?

인증서 발급 절차를 따라가다 보면 개인 은행/신용카드/보험용 공동인증서와 개인 범용 공동인증서 중 하나를 선택하라는 창이 뜹니다. 이 두 가지의 차이점은 이용범위와 수수료예요. 개인 은행/신용카드/보험용 공동인증서는 무료로 발급받을 수 있습니다. 하지만 은행에서 발급받았을 경우에는 증권 거래에는 사용할 수 없습니다. 반대로 증권사에서 발급받았다면 은행 거래를 할 때 사용하지 못하죠.

개인 범용 공동인증서는 개인 은행/신용카드/보험용 공동인증서와 달리 매년 4,400원의 수수료를 냅니다. 또한, 은행/증권사 중 아무데서나 발급받아도 인증서가 필요한 모든 전자거래(인터넷 뱅킹, 신용카드, 보험, 증권, 전자입찰 등) 시 사용할 수 있습니다.

### ★ 공동인증서, 금융인증서, 민간인증서 중 어떤 걸 사용하는 게 좋을까요?

공동인증서(구, 공인인증서) 하나만 있으면 대부분 온라인 금융거래 및 서비스를 이용할 수 있습니다. 금융인증서나 민간인증서의 경우 사용처는 좁지만, 사용이 간편하다는 장점이 있어요. 따라서 본인이 주로 이용하는 온라인 서비스에 맞는 인증서를 발급받으면 돼요.

# 신용점수, 금융 생활에서 나의 신뢰도

진우와 윤재, 민지는 친구 사이이다. 진우는 PC방에 가는 걸 좋아한다. 어느 날 PC방 갈 돈이 없던 진우는 윤재에게 3,000원만 빌려달라고 한다. 다음 날 갚겠다는 진우의 말에 윤재는 흔쾌히 돈을 빌려주었다. 다음 날이 되었지만 진우는 깜빡 잊었다며 윤재에게 돈을 갚지 않았다. 그리고 그 다음 날, 진우가 민지에게 3,000원만 빌려달라고 한다. 당신이 민지라면 어떤 선택을 하게 될까?

진우가 윤재의 돈을 빌리고 갚지 않은 것을 봤기 때문에 돈을 빌려주기 꺼려질 것이다. 나도 빌려줬다가 못 받을 수 있겠다는 생각 때문이다. 민지로서는 진우를 신뢰할 수 없는, 신뢰도가 떨어지는 사람으로 생각할 수밖에 없다. 이런 생각을 숫자로 나타낸 것이 '신용점수'다.

신용점수는 금융 생활에서 그 사람이 얼마나 믿을만한 사람인가를 숫자로 나타낸 것이다. 조금 더 쉽게 말하면 이 사람이 빌려 간 돈을 제때 갚을 능력이 있는지를 나타내는 숫자 즉, 연체 안 할 가능성이 얼마나 되는가를 나타낸 지표다. 여러분이 얼마나 믿을만한 사람인지는 1점부터 1,000점까지의 신용점수로 나타난다. 점수가 낮을수록 연체 가능성이 큰 사람, 점수가 높을수록 연체 가능성이 낮은 사람이다.

대부분 신용점수보다는 '신용등급'이라는 말이 더 익숙할 것이다. 하지만 2021년 1월 1일부터 대한민국에서 신용등급제는 사라졌다. 신용등급제도의 단점을 보완하기 위해 이제는 신용점수 제도가 운영되고 있다.

## 신용점수 어디에 영향을 줄까?

신용점수가 일상에 지장을 주는 것도 아닌데 굳이 관리할 이유가 있을까? 라는 생각이 들 것이다. 심지어 신용에도 점수가 있다는 것조차 몰랐던 독자들이 있을 것이다.

우리 생활에서 신용점수가 가장 큰 영향을 미치는 곳은 대출받을 때와 신용카드를 발급받을 때이다. 이 두 가지는 모두 돈을 빌리는 것과 관련 있다. 은행으로부터 돈을 빌리는 대출은 두말할 것도 없고, 신용카드도 결국은 신용카드회사가 나를 믿고 돈을 먼저 내주는 것이므로, 돈을 빌리는 것으로 볼 수 있다.

은행과 신용카드회사는 이윤을 추구하는 기업이다. 따라서 돈을 제때 갚지 않을 사람에게는 돈을 빌려주기 꺼려질 것이다. 그래서 은행은 그 사람이 돈을 제때 잘 갚을지 판단하는 기준으로 신용점수를 사용한다. 아무리 내가 제때 돈을 갚을 것이라고 주장해도, 그리고 그 말이 진실이라 해도 은행과 신용카드회사는 개인의 말보다 신용점수를 더 신뢰할 수밖에 없다.

전세자금이나 부동산 구매, 갑작스러운 수술비 등 큰돈이 필요한데 당장 돈이 없다면 대출을 받거나 신용카드를 사용해야 한다. 물론 신용점수가 낮아도 담보대출 등을 받을 수 있다. 하지만 담보대출도 한도가 있고, 담보대출로 마련할 수 있는 돈이 필요한 돈보다 적을 때에는 신용대출이 필요할 수 있다.

또한, 신용점수는 대출 가능 여부뿐만 아니라 대출금리에도 영향을 준다. 신용점수가 높으면 금리가 낮아지고 신용점수가 낮으면 금리가 높아진다. 이는 은행 입장이 되어 생각해보면 쉽게 이해할 수 있을 것이다. 신용점수가 높다는 건 돈을 제때 갚을 가능성이 크다는 것이고, 은행으로선 돈을 돌려받지 못할 가능성이 작다는 것이다. 반면, 신용점수가 낮다는 건 돈을 제때 갚을 가능성이 작다는 것이고, 은행으로선 돈을 돌려받지 못할 위험을 부담해야 한다. 이처럼 제때 돈을 돌려받지 못해 생기는 은행의 손해를 상쇄하기 위한 것이 높은 금리와 연체이자다. 은행에서 높은 위험부담을 안고 돈을 빌려주는 대신, 은행이 감수한 위험에 대한 보상으로 더 많은 이자를 받겠다는 것이다.

돈 빌릴 일이 없으면 신용점수는 관리하지 않아도 되는 것 아닌가? 라고 생각할 수도 있다. 돈이 넘쳐서 평생 돈 빌릴 일이 없다면 신용점수를 관리하는 게 의미가 없을 수도 있다(물론 부자들도 대출을 받지만, 의식주나 병원비 등 기본 생활과 관련된 대출이 아니다). 신용점수를 관리하지 않아도 될 만큼 부가 넘치는 삶을 누구나 꿈꾸겠지만, 대부분 사람은 그렇지 못할 것이다. 따라서 언제 닥쳐올지 모를 어려운 상황에 대비하여 평소에 신용점수 관리를 해두는 게 좋다.

## 신용점수 어떻게 확인할까?

지금 이 책을 읽고 있는 독자들은 본인의 신용점수를 알고 있는지 묻고 싶다. 만약 모르고 있다면 이번 기회에 신용점수 확인 방법을 기억해두고 주기적으로 확인하도록 하자.

신용점수는 은행이나 신용카드회사에서 주로 활용한다. 하지만 신용점수를 관리하고 산정하는 곳, 즉 신용평가를 하는 곳은 은행이나 신용카드회사가 아니다. 금융감독원이나 금융위원회 같은 정부 기관도 아니다. 우리나라에서 공식으로 신용평가를 하는 곳은 NICE 평가정보의 '나이스지키미'와 코리아크레딧뷰로(KCB)의 '올크레딧' 두 곳이다.

두 곳의 개인 신용평가사에서는 각각의 기준을 바탕으로 개개인의 신용을 평가하여 신용점수를 산정하고 있다. 소득 규모, 부채 수준, 과거 대출 상환 이력 등 금융관련 지수를 바탕으로 신용점수를 평가하는데, 두 회사가 정확히 어떤 기준과 어떤 수치를 반영하는지는 공개하지 않고 있다. 그래서 한 사람이 같은 날 같은 시각에 자신의 신용점수를 조회하더라도 다른 신용점수가 나올 수 있다. 그리고 신용점수가 다르게 나오더라도 내가 원하는 곳의 신용점수를 선택할 수는 없다. 금융기관에 따라 나이스지키미의 신용점수를 활용하는 곳이 있고, 올크레딧의 신용점수를 활용하는 기관이 있기 때문이다. 신용카드 발급의 경우 나이스지키미 기준 신용점수 680점 이상 또는 올크레딧 기준 신용점수 576점 이상이어야 발급받을 수 있다.

그렇다면 나이스지키미와 올크레딧에서 산정한 내 신용점수는 어떻게 확인할 수 있을까? 몇 년 전까지만 해도 신용점수를 확인하려면 나이스지키미나 올크레딧에서 연 3회(1회: 1~4월, 2회: 5~8월, 3회: 9~12월) 무료로 확인하는 방법을 사용했다. 하지만 이제는 다양한 방법으로 쉽게 신용점수를 확인할 수 있다. 아직 내 신용점수를 모르는 사람들은 책을 잠시 내려놓고 신용점수부터 확인하고 오는 건 어떨까?

### 신용점수 확인 방법

신용점수는 여러 사이트와 앱에서 확인할 수 있다. 여기에서는 나이스지키미, 네이버페이, 카카오뱅크, 카카오페이, 토스에서 신용점수를 조회하는 방법을 알아본다.

N Pay toss KakaoPay kakaobank

신용점수 조회 사이트

- 나이스지키미 홈페이지에서 확인하기(나이스지키미 신용점수)
  ① NICE평가정보 나이스지키미 사이트 접속
  ② 홈페이지 메인화면 오른쪽 상단 체험하기 클릭
  ③ 전 국민 신용조회 클릭
  ④ 로그인 후 아이핀 인증하기
  ⑤ 내 신용점수 확인
    ※연 3회(1회: 1~4월, 2회: 5~8월, 3회: 9~12월) 무료 확인 가능

• 네이버페이에서 확인하기(나이스지키미 신용점수)

① 네이버 앱 실행

② 오른쪽 상단 N 클릭

③ 내 자산 → 신용관리(점수조회) 클릭

④ 비밀번호 입력

※ 스마트폰 인터페이스에 따라 아이콘 모양이 다를 수 있음

• 카카오뱅크에서 확인하기(올크레딧 신용점수)

① 카카오뱅크 앱 실행

② 오른쪽 하단 … 클릭

③ 내 신용정보 클릭

• 카카오페이에서 확인하기(올크레딧 신용점수)

① 카카오톡 앱 실행

② 오른쪽 하단 … 클릭

③ 자산(자산관리) → 신용점수 클릭

④ 신용조회 선택

• 토스에서 확인하기(올크레딧 신용점수)

① 토스 앱 실행 후 로그인

② 상단 이름 아래 신용점수 보기 클릭

③ 신용점수 확인

## 신용점수 어떻게 관리할까?

내 신용점수를 확인하고 어떤 생각이 들었나? 생각보다 높다고 생각한 사람도, 생각보다 낮다고 생각한 사람도 있을 것이다. 점수와 상관없이 앞으로 신용점수를 잘 관리해야겠다는 생각이 들었다면 좋겠다.

지금부터는 신용점수를 잘 관리하는 방법을 이야기해보려고 한다.

## 연체하지 않는다

신용점수 관리에 있어서 가장 기본이자 중요한 방법이다. 결국 신용점수는 그 사람이 돈을 빌려 간 뒤 제때 갚을 것인지 판단하기 위한 것이다. 따라서 빌린 돈을 연체하면 당연히 신용점수는 떨어질 수밖에 없다. 다른 친구에게 돈을 빌리고 갚지 않는 친구의 모습을 옆에서 지켜보았다면, 그 친구에 대한 신뢰도는 한없이 떨어질 것이다.

• 연체했을 때는 오래된(장기연체금액) 것부터 상환하기

연체하지 않는 것이 가장 좋지만, 사람 인생은 마음먹은 대로 되지 않는다. 피치 못할 상황으로 연체가 발생했다면 되도록 빨리 연체 대금을 갚는 게 좋다. 하지만 여러 건 연체했고 그중 일부만 갚을 수 있다면 가장 오래된 것부터 갚는 것이 좋다. 연체 기간이 길어질수록 신용점수에는 악영향을 미친다.

## 자동이체를 활용하자

결제일을 깜빡하거나 미처 청구서를 확인하지 못해서 연체되는 일도 있다. 따라서 주기적으로 내야 하는 것들은 자동이체를 생활화하자. 또한, 이사 예정이라면 금융회사에 주소 수정을 요청해서 청구서를 받아보지 못하는 일이 발생하지 않도록 해야 한다.

## 신용정보 주기적으로 확인하기

자신의 신용점수는 다른 사람이 관리해주지 않는다. 주기적으로 나의 신용정보를 확인하고 내가 거래하지 않는 내용으로 인한 신용정보의 변동은 없는지, 잘못된 정보는 없는지 꼭 확인해야 한다.

## 비금융 납부내역 등록하기

신용등급제에서 신용점수제로 바뀌면서 달라진 것 중 하나는 비금융 납부내역을 등록해 신용점수를 올릴 수 있다는 것이다. 통신, 공공요금(도시가스, 수도, 전기요금 등), 국민연금, 건강보험료 등을 6개월 이상 연체 없이 납부했을 경우 신용평가기관에 정보를 등록해서 가점받을 수 있다. 단, 비금융 납부내역은 신용평가회사에서 해주는 것이 아니라 본인이 직접 등록해야 한다. 카카오뱅크, 카카오페이, 네이버페이, 토스 등에서 '신용점수 올리기'를 눌러 서류를 제출할 수 있다.

### 현금서비스, 카드론, 리볼빙 등 사용하지 않기

현금서비스, 카드론, 리볼빙(이 내용은 6장에서 자세히 다룰 예정이다) 등은 신용점수 하락에 큰 영향을 끼치므로 되도록 사용하지 않는 게 좋다. 부득이하게 현금서비스를 받았다면 가능한 빨리 갚도록 하자.

### 대출받기(돈 빌리기)

앞서 이야기한 내용과 상반되게 느껴질 수도 있겠지만 돈을 빌려야 신용점수를 올릴 수 있다. 물론 연체 없이 제때 갚는 것을 전제로 해야 한다. 한 친구가 나에게 돈을 빌려달라고 한다. 그런데 그 친구가 이전에 돈 빌리는 것을 한 번도 보지 못했다면 친구가 돈을 잘 갚을지, 잘 안 갚을지 알 수가 없다. 신용점수도 마찬가지다. 돈을 빌리고 잘 갚아야 올라간다. 아무런 금융 생활이 없는 사람은 점수가 떨어지지 않을지는 몰라도 올라가지도 않는다.

---

★ 신용점수는 몇 점부터 시작하나요?

돈을 빌리거나 갚은 경험이 없는, 즉 금융거래 기록이 없는 사회초년생은 얼마나 믿을만한 사람인지 판단할 근거가 부족하죠. 그래서 사회초년생의 경우 중간 정도의 신용점수에서 시작해요.

### ★ 신용점수를 조회하는 것만으로도 신용점수가 낮아진다는 이야기가 있던데 사실인가요?

사실이 아닙니다. 물론 신용점수를 조회하면 신용점수가 하락하던 시절이 있었어요. 하지만 2011년 10월부터 개인 신용정보조회기록은 신용점수 산출에 반영되지 않아요. 신용점수를 조회하면 신용점수가 내려간다는 것은 옛말이니 걱정하지 않아도 됩니다.

### ★ 신용점수를 조회했는데 점수가 너무 낮아요. 어떻게 해야 할까요?

신용점수 관리를 잘했다면 좋았겠지만 안타깝게도 이미 신용점수가 많이 낮아진 상태거나 감당하기 어려울 정도로 빚이 많은 상황이라면 혼자 끙끙 앓지 않았으면 좋겠어요.

낮은 신용, 채무(빚을 지고 갚아야 하는 상황)로 힘든 상황이라면 '신용회복위원회'의 도움을 받을 수 있습니다. 신용회복위원회에서는 신용, 채무를 지원하고 적절한 해결방안을 제시해주거나 채무감면, 신용회복에 도움을 주기도 해요. 저신용자에게 생활자금지원제도 등을 알려주기도 하고 개인회생, 파산 면책 신청 등을 무료로 지원해주기도 하니 꼭 연락해서 도움을 받아야 해요.

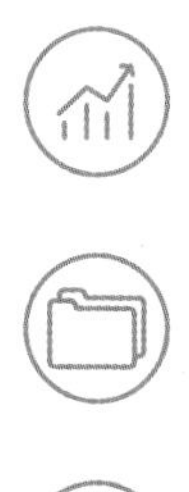

Chapter 04

# 금융 생활의 기본, 저축

# 돈도 보관해주고 이자도 주고

*고가의 물건을 보관하려면 금고를 빌려야 해요.*

*금고를 빌렸으니 당연히 사용료를 내야겠죠.*

*그런데 이상하네요?*

*은행에 안전하게 제 돈을 보관하는데, 어째서 은행은 저에게 보관료를 받아 가지도 않고 오히려 돈을 더 주는 걸까요?*

은행에 돈을 맡기는 이유는 무엇일까? 첫째는 안전하게 보관할 수 있어서일 것이고 둘째는 이자소득을 얻기 위해서일 것이다. 셋째로 은행이 주는 다양한 혜택(어디서나 인출 가능, 카드 혜택)을 누리기 위해서다. 그런데 가만히 생각해보면 조금 이상한 점이 있다. 은행이 봉사단체도 아닌데 튼튼한 금고까지 만들어서 내 돈을 보관해주며 이자까지 준다. 내 돈을 안전하게 보관해주면 오히려 내가 보관료를 내야 하는 게 아닌가? 이 점을 알아보기 위해서는 은행이 어떻게 생겨났는지부터 살펴볼 필요가 있다.

16세기 영국, 이 시대에는 금이 돈이었다. 그러다 보니 사람들은 금을 안전하게 보관할 곳이 필요했다. 이 시대의 금세공업자들은 금을 휴대하기 편한 금화로 만들었고, 이를 안전하게 보관하기 위한 금고도 가지고 있었다. 그래서 사람들은 자신의 금을 금세공업자의 금고에 보관하고 보관증을 받았다. 금 주인은 자신의 금을 안전하게 보관할 수 있어서, 금세공업자는 보관료를 받을 수 있어서 일석이조였다. 그런데 시간이 지나며 사람들은 무거운 금을 주고받는 대신 금 보관증을 주고받으며 거래하기 시작했다. 자연스레 금세공업자의 금고에 금을 되찾으러 오는 사람도 줄었다. 그때 금세공업자의 머릿속에 한 가지 생각이 떠올랐다.

'금고에 있는 금을 잘 찾아가지 않으니 이걸 필요한 사람에게 빌려주고 이자를 받으면 되겠다.'

이후 금세공업자는 찾아가지 않는 금을 사람들에게 빌려주고 많은 돈을 벌기 시작했다. 이 사실을 알게 된 금 주인들은 자신이 맡긴 금으로 돈을 버는 금세공업자를 가만히 두지 않았다. 금세공업자를 찾아가 따지기 시작하자 금세공업자는 금 주인들에게 한 가지 제안을 한다. 맡긴 금을 다른 사람에게 빌려주는 대신 빌려 간 사람이 준 이자의 일부를 금 주인에게 나눠주겠다는 것이었다. 금 주인들은 솔깃할 수밖에 없었다. 이전에는 금을 맡기고 보관료를 냈는데, 이제는 금도 안전하게 보관하고 이자까지 받을 수 있으니 말이다.

이렇게 은행이 만들어졌고 대출이자와 예금이자의 차이로 수익을 남기는 것은 지금까지도 은행이 돈을 버는 방법의 하나다. 은행(금세공업자)은 금고에 있는 금을 빌려주고 이자를 얻을 수 있고, 저축 고객(금주인)은 금을 안전하게 보관하며 이자소득을 얻을 수도 있다. 또한, 대출 고객(금세공업자에게 금을 빌리는 사람)은 필요한 금을 빌릴 수 있게 된 것이다. 이때 은행에서 대출하는 사람에게서 받는 이자가 저축한 사람에게 주는 이자보다 많으므로 은행으로선 이윤을 남길 수 있는 것이다.

# 예금은 뭐고 적금은 뭐야?

*처음 월급을 받기 시작했을 때, 어머니 말씀대로 적금을 들었어요. 매달 100만 원씩 1년간 저축하는 정기적금상품이었죠. 1년이 지나 1,200만 원과 이자를 받았는데, 이 돈을 어떻게 해야 할지 모르겠더라구요. 결국 1,200만 원은 보통예금 통장에 그대로 옮겨두었어요.*
*그다음 달부터 매달 나오는 월급에서 100만 원, 보통예금 통장에 넣어둔 1,200만 원에서 매달 100만 원씩 뽑아서 200만 원씩 납입하는 정기적금에 새로 가입했어요.*

이 이야기는 내가 사회 초년생이던 스물네 살 때 겪은 실제 경험담이다. 혹시 위의 이야기를 읽으며 뭐가 문제지? 라고 생각한 사람이 있는지 궁금하다. 아니면 저게 대체 무슨 얘긴지 이해조차 안 되는 사람이 있는지도 궁금하다. 만약 그런 사람이 있다면 스물네 살 때의 나와 똑같은 상황에 부닥칠 수 있다.

결론부터 말하자면 내가 했던 행동은 굉장히 바보 같은 짓이었다. 왜 바보 같은 행동이라 말하는지 지금부터 알아보자.

은행의 대표적인 저축상품으로는 보통예금, 정기예금, 정기적금이 있다.

## 보통예금(자유 입출금통장)

은행에 가서 '통장 만들려고 왔다'라고 이야기하면 만들어 주는 통장이 자유 입출금통장이다. 말 그대로 언제든 내가 원하는 금액만큼 입금할 수 있고, 통장 잔액 내에서 자유롭게 출금할 수 있는 통장이다. 보통예금은 금리(이자율)가 매우 낮은 편인데, 그 이유는 은행의 입장이 되어보면 쉽게 이해할 수 있다.

은행은 내가 맡긴 돈을 개인이나 기업에 대출해주고, 이자 수익으로 이윤을 남기는 곳이라고 했다. 여기서 다른 조건들을 제외한 단순한 상황을 가정해보자.

> A가 보통예금에 100만 원을 맡겼다. 그리고 그다음 날, 은행은 100만 원 중 50만 원을 B에게 대출해주었다. B는 1년 뒤 이 돈을 갚기로 했다. 이제 은행에는 50만 원이 남아있다. 그런데 한 달 뒤, 돈을 맡겼던 A가 은행에 와서 70만 원을 찾아가겠다고 한다. 하지만 은행엔 50만 원밖에 없다. 은행은 A가 맡긴 돈을 돌려줄 잔액이 부족하다.

위의 예시에서 알 수 있듯 보통예금은 언제 얼마가 들어오고 나갈지 예측할 수 없다. 그래서 은행으로선 보통예금으로 맡겨둔 돈은 대출이나 투자 등 다른 곳에 활용하기 위한 계획을 세우기 어렵다. 결국, 보통예금에 들어있는 돈은 은행으로선 수익을 내기 위한 계획을 세우기 어려운 돈, 다시 말해 은행에 수익을 가져다주기 어려운 돈이다. 그래서 보통예금에 가입한 고객에게도 작은 이자를 줄 수밖에 없다.

### 정기예금

'정기'라는 말이 붙은 저축상품은 돈을 찾을 수 있는 시기가 정해져 있다. 즉, 은행에 맡긴 돈을 정해진 기간 동안 찾아가지 않겠다고 은행과 약속하는 저축 방법이다. 예를 들어 내가 1년짜리 정기예금에 1,200만 원을 저축한다면, 내가 맡긴 1,200만 원을 1년 동안 은행에서 찾아가지 않겠다는 것이다. 그리고 1년 뒤 내가 맡겨둔 1,200만 원(원금)과 이자율에 따른 이자를 받게 된다.

따라서 은행은 약속한 1년 동안 고객이 맡겨 둔 1,200만 원을 은행의 수익을 위한 대출이나 투자에 부담 없이 사용할 수 있다. 즉, 정기예금에 저축한 돈은 은행이 수익을 내기 위한 계획을 세우기에 용이한 돈이다. 그래서 정기예금에 가입한 고객에게는 더 많은 이자를 줄 수 있다.

### 정기적금

정기적금도 정기예금처럼 '정기'라는 말이 붙어있다. 정기적금도 정해진 기간 동안은 내가 맡긴 돈을 찾아가지 않겠다고 은행과 약속하는 저축 방법이다. 하지만 정기적금은 정기예금처럼 한 번에 돈을 맡기는 것이 아니라, 정해진 기간마다(보통 한 달에 한 번) 정해진 금액을 입금하겠다는 약속을 하게 된다.

예를 들어 한 달에 100만 원씩, 1년짜리 정기적금에 가입했다면 한 달에 한 번, 100만 원씩, 12개월 동안 입금해야 한다. 은행으로선 언제 얼마가 은행으로 들어와서 언제 나갈지 확실하게 알 수 있다. 그래서 정기적금도 보통예금보다 많은 이자를 준다.

### 정기예금과 정기적금의 비교

그렇다면 정기예금과 정기적금 중 어떤 저축상품에 가입하는 것이 좋을까? 우선 같은 금액을 저축했을 때 받게 될 이자를 비교해보자.

저축 금리는 보통 1년을 기준으로 하는 연금리를 사용한다. 1,200만 원을 연금리 3%인 1년짜리 단리 상품에 가입한다고 가정했을 때 정기적금상품과 정기예금상품에서 1년 뒤 받게 되는 이자는 아래와 같다.

| 정기예금 : 360,000원(비과세 기준)<br>정기적금 : 195,000원(비과세 기준) |
|---|

정기예금과 정기적금의 이자는 165,000원, 약 2배 차이가 난다. 똑같은 금액을 똑같은 기간 동안 똑같은 이자율로 저축했는데 예금인지 적금인지에 따라 이자 차이가 나는 이유는 뭘까?

앞서 은행의 저축 이자는 보통 1년(연이자)을 기준으로 한다고 이야기했다. 연이자가 3%라는 말은 맡긴 돈이 1년 동안 통장에 들어있을 경우 3%의 이자를 주겠다는 의미이다. 100만 원이 정확히 1년(12개월) 동안 통장에 들어있어야 3%인 3만 원의 이자를 받을 수 있는 것이다.

[정기예금]

| | 1월 | 2월 | 3월 | 4월 | 5월 | 6월 | 7월 | 8월 | 9월 | 10월 | 11월 | 12월 | 이자 | 실제 이자율 |
|---|---|---|---|---|---|---|---|---|---|---|---|---|---|---|
| 1,200만 원 | 12개월(=1년) | | | | | | | | | | | | 360,000원 | 3.00% |

[정기적금]

| | 1월 | 2월 | 3월 | 4월 | 5월 | 6월 | 7월 | 8월 | 9월 | 10월 | 11월 | 12월 | 이자 | 실제 이자율 |
|---|---|---|---|---|---|---|---|---|---|---|---|---|---|---|
| 100만 원 | 12개월 | | | | | | | | | | | | 30,000원 | 3.00% |
| 100만 원 | | 11개월 | | | | | | | | | | | 27,500원 | 2.75% |
| 100만 원 | | | 10개월 | | | | | | | | | | 25,000원 | 2.50% |
| 100만 원 | | | | 9개월 | | | | | | | | | 22,500원 | 2.25% |
| 100만 원 | | | | | 8개월 | | | | | | | | 20,000원 | 2.00% |
| 100만 원 | | | | | | 7개월 | | | | | | | 17,500원 | 1.75% |
| 100만 원 | | | | | | | 6개월 | | | | | | 15,000원 | 1.50% |
| 100만 원 | | | | | | | | 5개월 | | | | | 12,500원 | 1.25% |
| 100만 원 | | | | | | | | | 4개월 | | | | 10,000원 | 1.00% |
| 100만 원 | | | | | | | | | | 3개월 | | | 7,500원 | 0.75% |
| 100만 원 | | | | | | | | | | | 2개월 | | 5,000원 | 0.50% |
| 100만 원 | | | | | | | | | | | | 1개월 | 2,500원 | 0.25% |
| 합계 | | | | | | | | | | | | | 195,000원 | |

위의 표를 보면 정기예금에 맡긴 돈은 1년간 통장에 들어있게 되므로 1,200만 원의 3%인 36만 원을 이자로 받는다. 하지만 정기적금의 경우 첫 달 납입한 100만 원은 1년(12개월) 동안 통장에 들어있게 되므로 연이자 3%를 전부 받을 수 있지만, 두 번째 납입한 100만 원은 11개월만 저축하는 셈이다. 따라서 3%가 아닌 11개월만큼의 2.75%의 이자를 받게 된다. 같은 방식으

로 매달 납입하는 100만 원에 대한 이자는 점점 줄게 되고 마지막 12번째로 입금한 100만 원은 사실상 통장에 한 달만 들어있게 되므로 한 달 치 이자인 2,500원만 받게 되는 것이다.

이렇듯 같은 금액, 같은 기간, 같은 이자율이라도 정기예금이냐 정기적금이냐에 따라 차이가 생긴다. 이제 왜 스물네 살 때 내가 한 행동이 바보 같았는지 이해될 것이다. 1년짜리 정기적금이 만기가 되어 받은 1,200만 원과 이자를 12등분 해서 새로운 정기적금에 가입할 것이 아니라, 정기예금에 가입했어야 했다. 정기적금과 정기예금을 잘 몰랐기에 16만 원 정도의 이자를 못 받은 것이다. 여러분은 나와 같은 실수를 하지 않았으면 하는 바람이다.

---

★ 정기적금과 정기예금 중 어떤 상품을 선택하는 게 좋을까요?

정기적금은 목돈을 만들기 좋은 저축 방법이에요. 특히 이제 돈을 벌기 시작한 사회초년생이 예금 가입이나 투자 등에 필요한 돈을 모으기 위해 많이 활용하죠. 어느 정도 목돈이 마련되었다면 정기예금에 가입하는 게 유리해요.

★ 저는 수입이 들쭉날쭉해서 정기적금에 가입하기는 어려워요. 그렇다고 목돈이 있는 것도 아니라 정기예금도 가입하기 어려운데 어떻게 해야 할까요?

자유적금을 이용해보세요. 자유적금 통장은 입금 시기와 금액을 내 마음대로 조절할 수 있어서 수입이 불규칙한 분들이 활용하기에 좋아요.

★ 연이자율 3%인 정기예금과 연이자율 5%인 정기적금 상품이 있어요. 어디에 가입하는 게 더 좋을까요?

연이자율이 같다면 당연히 정기예금이 더 유리해요. 하지만 이자율이 다를 때는 고민스러울 수밖에 없습니다. 이럴 땐 '네이버 이자 계산기'를 활용하면 쉽고 정확하게 이자를 계산할 수 있습니다. 원금이 1,200만 원일 경우 3% 정기예금의 이자는 36만 원, 5% 정기적금의 이자는 32만 5천원이네요.

★ 정기적금 납입일에 깜빡하고 입금을 못 했어요. 불이익이 있을까요?

정해진 납입일에 돈을 입금하지 못하면 만기가 그만큼 늦어집니다. 2개월 미납했다면 만기일도 2개월 늦어지는 거죠. 만기가 늦어지는 것 외에 큰 불이익은 없어요.

★ 가입금액과 가입 기간은 마음대로 정할 수 있나요?

정기예금상품과 정기적금상품은 너무 다양해서 모든 상품을 이야기할 수는 없지만, 대부분 금액과 기간이 정해진 경우가 많아요. '월 10만 원 이상부터 300만 원 이하까지, 6개월 이상부터 36개월 이하까지'와 같은 식이죠. 그 안에서 내가 원하는 기간과 금액에 맞는 상품을 찾는 게 좋겠죠?

# 꼭 알아두어야 할 저축 관련 용어

## 원금과 이자

원금은 본전과 같은 말이다 즉, 빌려주거나 맡긴 돈에 이자가 붙지 않은 돈을 뜻한다. 원금이란 말은 저축에도 쓰이지만, 대출과 관련해서도 쓰이는 용어이다.

이자는 '남에게 돈을 빌려 쓴 대가로 치르는 일정한 비율의 돈'이다. 저축 이자는 고객의 저축액을 은행이 수익을 내는 데 빌려 쓴 것이기 때문에 그 대가로 이자를 주는 것이다. 이자는 저축, 대출, 신용카드와 관련해서 많이 쓰인다. 원금과 이자를 합쳐 원리금이라고 부르기도 한다.

## 만기와 중도해지

약속을 하면 지켜야 한다는 것을 누구나 알고 있지만, 살다 보면 마음처럼 되지 않을 때가 있다. 저축도 마찬가지다.

앞서 정기적금이나 정기예금은 정해진 날까지 내가 맡긴 돈을 찾지 않겠다고 은행과 약속하는 것이라고 했다. 이때 은행에서 돈을 찾기로 한 날짜를 '만기'라고 한다. 만기는 미리 정한 기한이 다 찬 것을 의미한다. 만약 1년 만기인 상품에 가입했다면 내가 가입한 날로부터 1년 뒤가 만기일이 되어 내가 넣은 원금과 이자를 받을 수 있는 것이다. 하지만 만기 전에 급하게 돈이 필요하거나 더 좋은 상품에 가입을 원할 때, 은행과 한 약속을 깨뜨려야 할 경우가 생긴다. 이처럼 원래 약속한 기간을 지키지 못하고 정기예금이나 정기적금 상품을 취소하는 것을 중도해지라고 한다.

---

★ 중도해지를 하면 손해를 보나요?

중도해지 하더라도 내가 맡긴 원금은 그대로 돌려받을 수 있어요. 하지만 이자는 정해진 금액보다 작거나 못 받을 수도 있어요. 은행마다 정해진 중도해지 이율이 적용됩니다.

★ 1,000만 원을 정기예금에 가입했는데 300만 원만 급하게 필요해요. 방법이 없을까요?

내가 필요한 금액만큼 해지하는 '분할해지'를 할 수 있어요. 1,000만 원 중 300만 원만 해지하고 나머지 700만 원은 그대로 유지하는 거죠. 하지만 이 방법은 정해진 횟수가 있으므로 내가 가입한 상품의 분할해지 가능 횟수를 잘 확인해야 합니다. 또는 내가 가입한 예금이나 적금을 담보로 대출받는 방법도 있으니 은행에 가서 상담을 해봐도 좋아요. 예·적금 담보대출은 신용점수에 영향을 미치지 않으니 걱정하지 마세요!

★ 만기일이 주말이나 공휴일이면 어떻게 하죠?

저축상품의 만기일이 주말이나 공휴일일 경우 하루 전 평일에 찾아가더라도 약속한 기간을 다 채운 것으로 생각합니다. 물론 공휴일이 지난 다음 날 찾아가도 상관없습니다.

★ 만기가 된 것을 깜빡하고 돈을 찾지 않으면 어떻게 되나요?

만기일을 깜빡했더라도 너무 걱정할 필요는 없습니다. 만기가 지난 기간에 대해서도 이자를 주거든요. 하지만 약속한 만기일까지의 이자보다 훨씬 작은 금액이니 만기일을 정확히 지켜서 돈을 찾고, 새로운 상품에 가입하는 게 낫겠죠?

## 이자에도 세금이 붙는다

앞에서 살펴본 대로 1,200만 원을 3% 정기예금에 가입하면 이자는 36만 원이 된다. 하지만 안타깝게도 우리는 이자 36만 원을 온전히 받을 수 없다. 이자로 벌어들인 돈도 세금을 내야 한다. 그래서 이자율뿐만 아니라 세금을 얼마나 내는지 확인하는 것도 매우 중요하다. 금리가 더 높은 상품이라도 세금을 어떻게 매기느냐에 따라 받게 될 이자 금액에 차이가 나기 때문이다.

먼저 일반과세는 이자에 대해 일반적으로 세금을 매기는 방법으로, 소득세 14%와 농어촌특별세 1.4%, 총 15.4%를 세금으로 부과한다. 이자가 36만 원이라면 36만 원의 15.4%인 55,440원을 세금으로 내고 나머지 304,560원을 받는 것이다.

비과세는 말 그대로 세금을 부과하지 않는 것이다. 비과세 상품이라면 36만 원의 이자를 그대로 받을 수 있다. 모든 금융 기관의 금액을 합산하여 최대 5,000만 원(원금 기준)까지 비과세 혜택을 받을 수 있다. 하지만 가입 조건이 까다로워서 해당 상품에 가입하기 어렵다.

| 비과세 종합저축 가입 대상 |
| --- |
| 65세 이상인 자, 장애인, 상이자, 기초생활수급자, 독립유공자와 유족 또는 가족, 518민주화운동부상자, 고엽제 후유증 환자 |

세금 우대는 일반과세와 비과세의 중간이라고 생각하면 된다. 2021년 기준 세금 우대 세율은 1.4%(농어촌특별세)이다. 모든 계좌 합산 한도 3,000만 원(원금 기준)까지 세금 우대 혜택을 받을 수 있다. 일반과세와 비교했을 때 세금 차이가 크게 난다. 이자가 36만 원일 경우 세금 우대를 받으면 36만 원의 1.4%인 5,040원만 이자로 내고 354,960원을 받게 된다. 그런데 앞으로 점차 세금 우대 혜택이 축소될 예정이다.

[세금 우대 저축 세율]

| 기간 | 세율 |
| --- | --- |
| 2022년 12월 31일까지 발생하는 이자소득 | 1.4% |
| 2023년 12월 31일까지 발생하는 이자소득 | 5.9% |
| 2024년 1월 1일 이후 발생하는 이자소득 | 9.5% |

### ★ 왜 이자에도 세금을 매기는 건가요?

소득이라고 하면 우리가 흔히 일해서 돈을 버는 '근로소득'만 떠올리기 쉽죠. 하지만 이자나 주식 배당금 등은 우리의 자본을 이용해서 소득을 얻는 '자본소득'에 해당합니다. 소득이니 당연히 소득세를 걷어가는 거죠.

### ★ 세금 우대 혜택이 줄어들고 있는데 가입일 기준인가요?

아니요. 가입한 예금이나 저축상품의 만기일 기준입니다. 1.4%의 세금 우대 혜택을 받으려면 2022년 12월 31일이 만기일인 저축 상품에 가입해야 합니다. 2023년 1월 1일부터는 이자의 5.9%를 세금으로 내야 해요.

### ★ 은행에 가서 세금 우대 저축에 가입하고 싶다고 하면 되나요?

1금융권에는 세금 우대 저축이 없어요. 2금융권에 해당하는 새마을금고, 지역농협, 지역신협, 수협, 산림조합 등과 같은 상호금융기관에서 만 19세 이상이면 누구나 가입할 수 있습니다.

### ★ 2금융권에 예금한 돈을 찾지 못할까 봐 걱정돼요.

세금 우대 저축상품은 대부분 예금자보호 대상 상품입니다. 세금 우대 혜택 한도는 최대 3,000만 원까지이고 예금자보호는 5,000만 원까지 해주니 걱정할 필요 없어요. 그리고 2금융권은 1금융권에 비해 금리도 높아 이자를 더 많이 받을 수 있는 장점도 있어요.

# 저축 금리(이자율)에 대해

우리가 은행에 저축하면 은행은 돈을 맡긴 대가로 이자를 준다. 이때 원금에 대한 이자의 비율을 이자율 또는 금리라고 한다. 당연히 금리(이자율)가 높을수록 많은 이자를 받게 된다. 1,000만 원을 저축했을 때 3%의 금리라면 30만 원을, 5%의 금리라면 50만 원을 이자로 받는다. 물론 세금을 고려하지 않았을 때 이야기다.

## 연이율 월이율

금리에 관해 이야기할 때 우리가 확인해야 할 것이 하나 더 있다. 바로 금리의 기준이 되는 기간이다. 먼저 연이율을 살펴보면, 연이율은 1년이 지났을 때 정해진 금리로 계산한 이자를 주겠다는 것이다.

한 달을 기준으로 계산하는 '월이율'도 있다. 월이율은 말 그대로 한 달마다 정해진 금리로 계산해서 이자를 주겠다는 것이다. 1,000만 원을 맡겼다면 한 달 뒤 정해진 금리로 계산한 이자를 준다는 것이다. 물론 우리 생활에서 이야기하는 금리 대부분은 1년을 기준으로 하는 '연이율'을 말한다.

## 단리와 복리의 차이

저축상품을 알아볼 때 금리나 세금을 확인하는 것도 중요하지만 그보다 먼저 단리식 상품인지 복리식 상품인지 확인해야 한다. 왜냐하면, 같은 금리라도 단리식인지 복리식인지에 따라 이자에 큰 차이가 나기 때문이다. 단리와 복리는 이자를 계산하는 방법의 종류인데, 어떻게 다른지 확인해보자.

단리는 이자를 계산하는 기간마다 내가 맡긴 돈, 즉 원금에 대해서만 이자를 계산하는 방법이다. 1,000만 원을 3% 금리인 1년짜리 예금상품에 맡겼다면 이자가 30만 원이라는 것은 이제 잘 알 것이다. 그런데 만약 예금 기간이 1년이 아니라 3년이라면 얼마의 이자를 받게 될까? 처음에 1,000만 원을 맡기고 1년이 지났을 때 1,000만 원의 이자인 30만 원을 받게 된다. 이제 내 통장에는 1,030만 원이 있다. 또다시 1년이 지났을 때(처음 가입한 날로부터 2년 뒤)에 내가 처음 맡겼던 원금 1,000만 원의 3%인 30만 원을 이자로 준다. 즉, 나의 원금에만 이자를 주는 방식이다. 다시 1년이 지났을 때도 1,000만 원에 대한 3%인 30만 원을 이자로 받게 된다. 만기일에는 1,090만 원이 내 통장에 들어있을 것이다(비과세 기준).

복리는 일정 기간마다 이자와 원금을 합친 금액의 이자를 계산하는 방법이다. 1,000만 원을 연이율 3%의 복리식 정기예금에 맡겼다면 처음 1년이 지났을 때 1,000만 원의 3%인 30만 원이 이자로 들어온다. 여기까지는 단리식 상품과 차이가 없다. 하지만 그다음 1년이 지났을 때는 원금 1,000만 원과 처음 받았던 이자 30만 원까지 포함하여 1,030만 원의 3%인 30만 9천 원이 이자로 들어온다. 다시 1년이 지났을 때 원금 1,000만 원과 지금까지 받았던 60만 9천 원(30만 원 + 30만 9천 원)의 이자를 포함한 1,060만 9천 원의 3%인 31만 8,270원을 이자로 받게 된다. 3년 만기가 되었을 때 내 통장에 들어있는 돈은 1,092만 7,270원이다(비과세 기준).

[연이율 3%, 3년 만기 정기예금 이자표, 비과세 기준]

| 이자 종류 | 원금 | 1년째 이자 | 2년째 이자 | 3년째 이자 | 만기 원리금* |
|---|---|---|---|---|---|
| 단리 | 1,000만 원 | 30만 원 | 30만 원 | 30만 원 | 1,090만 원 |
| 복리 | 1,000만 원 | 30만 원 | 30만 9천 원 | 31만 8,270원 | 1,092만 7,270원 |

*원리금: 원금과 이자를 합한 금액

3년이 지났을 때 단리식과 복리식 상품의 원리금 차이는 27,270원이 된다. '이것 밖에'라고 생각할 수도 있겠지만 복리의 힘은 기간이 길어질수록 커진다. 다음 그래프를 살펴보자.

초반에는 큰 차이가 없지만, 시간이 지날수록 단리와 복리의 차이가 벌어지는 것을 알 수 있다. 심지어 50년이 지난 시점에서 2배 이상 차이가 난다. 50년이라니, 너무 먼 이야기처럼 느껴질 수도 있다. 하지만 꼭 50년 이상을 보지 않더라도 단리와 복리상품 중 우리가 복리상품을 선택하지 않을 이유는 없어 보인다.

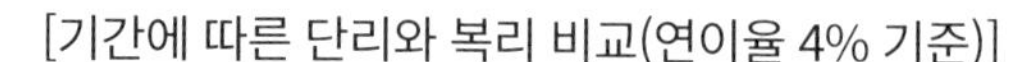


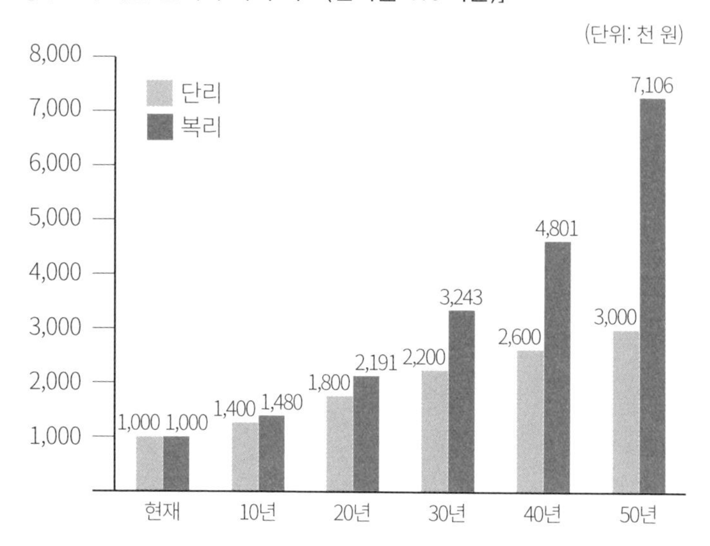


## 72의 법칙

단리의 경우에는 100이라는 숫자를 금리로 나누었을 때, 내가 맡긴 돈이 두 배가 되는 데 걸리는 기간을 구할 수 있다. 즉, 연 4%짜리 단리식 정기예금에 가입했을 때 내 돈이 두 배가 되는 기간을 구하는 식은 아래와 같다.

| 100 ÷ 4(%) = 25(년) |
|---|

72의 법칙이란 이자가 복리로 붙을 때 내가 저축한 원금이 두 배가 되는 데 걸리는 시간을 구하는 방법이다. 물론 이자가 아닌 수익률을 넣어 내가 투자한 돈이 2배가 되는 데 필요한 기간을 구할 수도 있다. 계산 방법은 다음과 같다.

72 ÷ (금리) = (원리금이 원금의 2배가 되는 데 필요한 기간)

예를 들어 연 4%의 복리식 정기예금에 가입했을 때, 원금과 이자의 합계인 원리금이 처음 저축할 때 입금한 원금의 두 배가 되는 데 걸리는 기간은 72에서 금리를 나누면 된다.

72 ÷ 4(%) = 18(년)

72의 법칙에 따르면 연 4% 금리의 예금에 돈을 넣어두면 18년 뒤 원금의 2배가 된다. 둘 다 연이율 4%의 정기예금이지만 단리인지 복리인지에 따라 무려 7년 차이가 난다. 단순한 계산만으로도 왜 우리가 복리상품을 선택해야 하는지 알 수 있다.

반대로 내 돈을 두 배로 불리려면 몇 퍼센트의 금리(또는 수익률)가 필요한지도 72의 법칙을 이용해 구할 수 있다. 내가 8년 뒤에 내 돈을 두 배로 불리고 싶다면 아래와 같이 계산하면 매년 몇 퍼센트의 금리(또는 수익률)가 필요한지 알 수 있다.

72 ÷ 8(년) = 9(%)

72의 법칙에 따라 내 돈을 8년 만에 2배로 불리려면 매년 9%의 이자율 또는 수익률이 필요하다는 계산이 나온다.

### ★ 금리는 누가 정하나요?

은행마다 저축상품 종류도 다양하고 금리도 다르죠? 은행마다 금리가 다르다는 건 은행에서 금리를 정한다는 거예요. 하지만 은행도 금리를 정할 때 기준으로 삼는 게 있어요. 바로 기준금리죠. 기준금리는 각 나라의 중앙은행이 전체적인 경제 상황을 판단하여 결정하는 금리로, 우리나라의 경우 한국은행이 기준금리를 발표하고 있어요. 2021년 8월 기준 우리나라의 기준금리는 0.75% 예요. 은행에서는 이 기준금리를 토대로 예·적금 상품과 대출상품의 금리를 정한답니다.

### ★ 금리가 올라가면 이자를 많이 받을 수 있으니 좋은 거네요?

저축하는 사람으로서는 금리가 오르면 이자를 더 받을 수 있으니 좋아요. 하지만 금리가 오르는 게 마냥 좋은 일은 아니에요. 대출을 받아 집을 산 사람들은 가계 부담이 커질 수도 있고, 사람들이 이자소득을 바라고 은행에 돈을 많이 맡겨두려 하기 때문에 소비가 많이 이루어지지 않을 수도 있어요. 소비가 이루어지지 않으면 나라 경제가 어려워질 수도 있겠죠. 그 외에도 금리는 기업의 투자, 국가 간 자본이동 등에도 영향을 주므로 금리가 오르는 게 무조건 좋다고 할 수는 없어요. 그래서 한국은행에서는 나라의 경제 상황을 보고 기준금리를 높이거나 낮추기도 해요.

### ★ 같은 상품인데 금리가 달라요

같은 은행의 똑같은 저축상품이라도 금리가 다를 수 있어요. 주로 저축기간이 길수록 더 높은 금리 혜택을 받을 수 있죠. 또한, 은행별로 여러 기준을 정해 두고 기준을 충족하는 사람에게 더 높은 금리 혜택을 주기도 해요. 이를 우대금리라고 하는데, 은행의 또 다른 금융상품에 가입하거나 신용, 체크카드 결제 금액이 특정 금액 이상일 경우 금리를 좀 더 받을 수 있어요.

★ 복리의 마법이라고 하는데, 몇만 원밖에 차이가 안 나는 것 같아요

당장은 몇만 원 차이가 작게 느껴질 수도 있어요. 복리상품을 찾아 멀리 있는 은행까지 가는 게 택시비와 시간, 노력을 허비하는 것처럼 느껴질 수도 있겠죠. 하지만 10년 이상을 본다면 단리와 복리는 비교할 수가 없어요. 금리나 수익률이 높아질수록 그 차이는 더 벌어지겠죠.

## 이자 계산기 사용하는 방법

지금까지 기준금리, 시장금리, 단리, 복리, 일반과세 등을 알아보았다. 하지만 이런 것보다 더 궁금한 건 '내가 이 금액을 저축상품에 저축했을 때, 얼마의 이자를 받게 될까?'일 것이다. 사실 이자 계산은 복잡하다. 하지만 복잡한 계산식을 외울 필요는 없다. 포털사이트(네이버, 다음 등)에서 '이자 계산기'를 검색하고 저축의 종류(적금, 예금), 납입금액(원금), 금리(이자율), 저축기간, 이자 계산방법(단리, 복리), 이자과세방법(일반과세, 비과세, 세금 우대) 등을 입력하면 자동으로 이자를 계산해준다. 물론 은행처럼 일 단위로 계산하는 것이 아니므로, 실제 은행 상품에 가입하고 받게 되는 이자와 조금의 차이는 발생할 수 있다.

# 통장은 어떻게 만드나요?

## 통장 만드는 방법

통장을 만들려면 은행에 가야 한다. 은행에 가서 번호표를 뽑고 기다리다가 내 순서가 되면 해당 창구로 간다. '통장 만들려고 왔다'라고 이야기하면 개설을 도와줄 것이다.

몇 년 전까지만 해도 통장 만드는 것은 아주 간단한 일이었다. 신분증과 도장만 갖고 은행에 가면 얼마든지 통장을 만들 수 있었다. 하지만 지금은 내 통장을 만들고 싶어도 못 만들 수도 있다. 소득이 없는 학생, 취업준비생이나 주부의 경우 통장을 만들더라도 1일 출금 한도나 이체 한도 등이 제한된 통장만 개설할 수 있다.

그래서 계좌 개설 목적을 분명히 하고 은행에서 요구하는 서류를 잘 준비해가야 한다. 일반적으로 통장개설 목적에 따른 필요 서류는 다음과 같다. 단, 은행마다 상품도 다양하고 요구하는 서류가 다르므로 내가 방문할 은행에 필요한 서류를 직접 문의하는 게 가장 좋다. 해당 서류를 준비해서 은행에 가면 개설 목적에 따른 통장을 만들 수 있다.

[통장개설 시 필요한 서류]

· **기본 서류**
실물 신분증(주민등록증, 운전면허증, 여권, 청소년증 등), 도장(사인으로 대신할 수 있다)
(※ 신분증 대신 간편 실명 확인 서비스를 활용하는 은행도 있다)

· **급여 계좌**
재직증명서, 근로소득원천징수영수증, 건강보험자격득실확인서 등

· **공과금 이체 계좌**
공과금 납입 영수증 등

· **아르바이트 급여 계좌**
고용주의 사업자등록증, 근로계약서 등

은행에 갈 시간이 없어도 저축상품에 가입할 수 있다. 인터넷 은행이나 시중 은행의 애플리케이션을 내려받아 본인인증을 하면 다양한 종류의 저축상품에 가입할 수 있다. 얼굴을 보지 않고 만드는 방법이라 '비대면 개설'이라고 한다. 비대면 개설을 하면 우대금리 혜택을 주는 은행도 있으니, 각 은행 홈페이지나 영업점에서 예·적금 상품을 잘 살펴보고 나에게 맞는 저축 방법(예금, 적금), 금리, 기간을 선택해 가입하면 된다.

## 대포통장 만들기?!

은행에 가서 '대포통장 만들고 싶다'라고 얘기하면 어떤 반응을 보일까? 아마도 황당한 표정으로 '네?!'라고 반문할 것이다.

대포통장은 통장의 주인과 사용자가 다른 통장을 말한다. 다른 말로 '차명계좌'라고도 한다. 은행에 '대포통장'이라는 상품이 있는 게 아니라, 내가 만든 통장을 다른 사람이 사용한다면 내 통장이 대포통장이 되는 것이다. 대포통장은 비자금을 숨기거나, 뇌물을 주고받을 때, 불법 거래를 할 때, 보이스피싱 같은 범죄를 저지를 때 악용되고 있다.

2015년 이전에는 통장 만들기가 아주 쉬웠다. 신분증만 가지고 은행에 가면 어려움 없이 통장을 만들 수 있었다. 하지만 이렇게 만들어진 통장들이 대포통장으로 사용되자 새로운 법이 만들어졌고, 통장을 개설하는 게 까다로워졌다. 은행에서는 통장개설 목적을 더 꼼꼼히 확인하게 되었고, 통장개설에 필요한 서류도 더 많아졌다.

뜬금없이 대포통장 이야기를 하는 이유는, 대포통장은 불법이니 평생 나와 관련 없는 것으로 생각하고 행동하라는 이야기를 하고 싶어서이다. 이제 대포통장이 불법인 걸 확실히 알았으니, 모르는 사람에게 내 통장을 건네주거나 대가를 받고 팔면 안 된다는 것을 이해했을 것이다. 하지만 돈이 궁한 상황에서는 사람 마음이 쉽게 흔들릴 수 있다. 인터넷에 '100만 원에 통장을 사겠다'라는 광고를 보고 내가 쓰지 않는 통장을 건네준다면, 그때부터 범죄의 공범이 될 수 있다. 내가 알았든 몰랐든 내 의지로 내 통장을 건네주었기 때문이다.

또한, 타인에게 통장(카드 포함)을 팔거나 줄 경우 법적처벌(3년 이하의 징역 또는 2천만 원 이하의 벌금)을 받거나 금융거래에 제한을 받게 된다.

★ 도장이 없는데 통장을 만들 수 없나요?

가능합니다. 도장이 없어도 사인으로 대신할 수 있어요.

★ 통장이 여러 개 필요한데, 오늘 하나 만들고 내일 하나 더 만들 수 있나요?

통장을 하나 만들고 새 통장을 만들려면 영업일 기준으로 20일이 지나야 합니다. 여기서 영업일이란 은행이 영업하는 날(주말, 공휴일 제외)을 의미해요. 따라서 통장을 만들고 약 한 달 정도가 지나야 새 통장을 만들 수 있습니다.

# 은행이 망한다?! 뱅크런

친구에게 돈을 맡겨두었습니다.
그런데 한 달 후에 돈을 돌려받으려고 하니 다른 친구에게
돈을 빌려줘서 지금 당장 줄 수 없다고 하네요.
내 돈을 내가 찾을 수 없다니 황당합니다.

## 내가 맡긴 돈을 찾을 수 없다고?

은행은 대출이자와 예금이자의 차액을 통해 이윤을 창출하는 '기업'이다. 한 가지 상황을 가정해보자. 10명의 사람이 100만 원씩 총 1,000만 원을 은행에 맡겼다. 은행은 이윤을 내기 위해 고객이 맡긴 1,000만 원을 개인이나 기업에 대출해줄 것이다. 은행이 이윤을 더 많이 남기려면 최대한 대출을 많이 해주고 이자를 받아야 할 것이다. 대출 홍보를 대대적으로 한 끝에 1,000만 원을 모두 대출해주었다. 그런데 바로 그다음 날 한 고객이 찾아와 맡긴 돈을 찾아가겠다고 한다. 그런데 은행에 남은 돈이

한 푼도 없다. 고객은 황당하다. "내 돈을 내가 못 찾는다니! 이게 무슨 말이죠?"

내가 맡긴 돈을 찾을 수 없다는 불안감에 사람들은 은행을 믿지 못하기 시작한다.

## 지급준비금

내가 맡긴 돈을 찾을 수 없다면 정말 황당할 것이다. 이런 사태를 방지하기 위해 은행은 가지고 있는 현금 중 일부를 요구불예금(예금주의 요구가 있을 때 언제든지 지급할 수 있는 예금)으로 가지고 있어야 한다. 이 비율은 각 나라의 중앙은행(우리나라는 한국은행)에서 정한다. 지급준비금을 일정 비율로 가지고 있어야 하므로 은행에서는 예금자가 맡겨둔 돈을 모두 대출해 줄 수 없다. 만약 지급준비율이 10%라면 은행은 예금자가 맡긴 돈 중 10%(1,000만 원 중 100만 원)를 지급준비금으로 마련해 두어야 한다. 초기에 이 지급준비금은 예금자보호 목적으로 시행됐지만, 이제는 나라의 통화량을 조절하는 도구로도 사용되고 있다.

## 뱅크런(Bank Run)

지급준비금을 마련해두었더라도 은행이 예금자에게 예금을 돌려주지 못하는 경우가 발생할 수 있다. 만약 한꺼번에 모든 예금자가 맡겨둔 예금을 찾으러 온다면 은행의 지급준비금으로는 부족할 수 있다. 이런 사태를 뱅크런(Back Run)이라고 한다. 뱅크런이란 경제 상황이 안 좋아지며 은행이 내가 맡긴 돈을 지급하지 못할 것이라는 불안감이 커졌을 때, 고객들이 대규모로 예금을 찾는 상황을 뜻한다. 물론 실제로 이런 일이 자주 일어나지는 않겠지만 은행에 대한 믿음이 없어지거나, 경제 상황이 안 좋아지거나, 은행이 부실한 경영을 했을 때 충분히 발생할 수 있다. 은행이 예금자들이 맡긴 돈으로 한 투자가 크게 실패했다는 것을 알게 된다면 고객으로서는 불안함에 휩싸일 수밖에 없다. 실제로 미국과 그리스 등은 뱅크런 사태를 경험한 적이 있다.

## 예금자보호법

뱅크런 사태가 아니더라도 은행은 여러 이유로 망할 수 있다. 은행은 이윤을 추구하는 기업이고, 기업은 언제나 망할 위험이 있기 때문이다.

은행이 망한다니 불안한 마음이 들 수 있다. 하지만 '예금자보호법'이 있으니 걱정을 조금 덜어두어도 좋다. 금융기관은 예금자보호법에 따라 예금보험공사에 예금 보험료를 낸다. 예금보험공사는 이 보험료를 기금으로 적립해두었다가 금융기관이 고객에게 예금을 지급할 수 없게 되면, 금융기관을 대신하여 고객에게 예금을 지급한다. 예금보험은 예금자를 보호하기 위한 목적이므로 금융회사가 낸 보험료로 부족할 때도 예금보험공사가 직접 재원을 조성해 예금자에게 예금을 지급한다. 이때 예금자가 보호받을 수 있는 금액은 금융기관별로 5,000만 원이다.

★ A 은행에 7,000만 원, B 은행에 5,000만 원을 예금했어요. 그런데 두 은행 모두 지급불능 상태가 되었어요. 예금자보호법으로 저는 얼마까지 보호받을 수 있을까요?

예금자보호법이 보호해주는 5,000만 원은 금융기관별로 보장해주는 금액이에요. 그러므로 한 금융회사마다 5,000만 원까지 보호받을 수 있죠. 맡겨 둔 돈을 받지 못할까 봐 걱정된다면 5,000만 원씩 나누어 여러 금융기관에 저축하는 것도 좋은 방법이에요. 만약 A 은행에 7,000만 원, B 은행에 5,000만 원을 예금했을 때, 총 1억 원을 보장받을 수 있어요. 그런데 만약 A 은행의 a 지점에 7,000만 원, b 지점에 5,000만 원을 예금했을 때는 5,000만 원만 보장받을 수 있습니다.

★ 내가 가입한 상품이 예금자보호법의 보호를 받는지 어떻게 확인할 수 있나요?

내가 가입한 금융상품의 약관을 확인하면 돼요. 약관 확인이 어렵다면 예금보험공사 홈페이지에서 보호 대상 금융상품 조회를 할 수 있어요. 내 상품을 직접 검색할 수도 있고, 금융기관별 보호되는 상품의 목록을 확인할 수도 있어요.

★ 보호받는 5,000만 원은 원금을 말하는 것인가요?

원금과 이자를 포함해 5,000만 원이에요. 그러므로 원금 5,000만 원을 예금했다면 이자에 대해서는 보호받지 못할 수 있죠.

★ 우체국이나 새마을금고는 예금자보호를 받을 수 없나요?

새마을금고 같은 상호금융은 예금자보호법 적용 대상이 아니에요. 하지만 기관별로 별도의 예금자보호제도를 운영하고 있습니다. 예를 들어 우체국은 정부에서 한도 없이 지급해주어 보호받을 수 있어요.

## 저축은 왜 해야 할까?

요즘 같은 저금리 시대에 얼마 안 되는 이자를 받으려고 저축하는 게 옳은 걸까요?

2021년은 초저금리 시대다. 은행에 저축해도 1% 정도의 이자밖에 받지 못한다. 혹자는 저축하는 사람을 '바보'라고 말하기도 한다. 그럼에도 우리가 저축해야 하는 이유는 있다.

### 내 돈을 안전하게 보관할 수 있다

은행에 돈을 맡기는 첫 번째 이유는 내 돈을 안전하게 보관할 수 있기 때문이다. 만약 내가 가진 모든 돈을 집안에 보관한다고 생각해보자. 우선 보관할 곳이 마땅치 않을 것이다. 다행히 보관할 공간을 마련했다 치더라도 전 재산을 집에 두고 마음 편히 외출할 수 있을까? 도둑이 돈을 훔쳐 달아날 수도 있다는 불안감에 밤잠을 설치거나 외출 빈도가 줄어 인간관계가 나빠질 수도 있다. 결국, 비싼 돈을 들여 개인금고를 구매하게 될 것이다. 하지만 은행에 돈을 맡기면 이런 문제는 곧바로 해결된다. 은행은 돈을 안전하게 보관하기 위해 비싼 돈을 들여 튼튼한 금고를 만들었고, 온·오프라인상의 보안체계도 갖추어두었다. 그뿐 아니라 나라에서는 '예금자보호법'으로 은행에 보관된 내 돈을 일정 금액까지 보호해준다. 극단적인 예로 우리 집에 불이 나서 집안에 보관하던 1,000만 원이 홀라당 타버린다면 어디에서도 보상받지 못한다. 그러나 은행에 불이 나더라도 내 돈 1,000만 원은 그대로 돌려받을 수 있다.

### 이자를 받을 수 있다

은행은 내 돈을 안전하게 보관해주면서 보관료도 받지 않는다. 오히려 '이자'라는 이름으로 돈을 더 챙겨준다. 어릴 적 돼지저금통에 저축했던 경험이 한 번은 있을 것이다. 돼지저금통에 저축하는 것과 은행에 저축하는 것의 가장 큰 차이는 '이자'다. 저금통에 넣어둔 만 원은 1년이 지나도 2년이 지나도 만 원이다(누군가 몰래 빼가지 않는다는 가정하에). 하지만 은행에서는 정해진 금리(이자율)에 따라서 내가 맡긴 돈에 이자를 준다. 금리에 따라 만 원이 만 백 원이 될 수도 있고 만 천 원이 될 수도 있다.

### 소비를 억제할 수 있다

요즘 같은 저금리 시대에는 저축이 큰 도움이 안 된다고 이야기하는 사람들이 있다. 틀린 말은 아니지만, 그럼에도 우리가 저축해야 하는 이유는 다양하다. 그중 하나가 소비를 억제할 수 있기 때문이다. 사회초년생이 돈을 모으기 위해 명심해야 할 것 중 하나는 '쓰고 남은 돈을 저축하지 말고 저축하고 남은 돈을 쓰는 습관'을 들여야 한다. 사람은 생각보다 스스로 통제하는 능력이 뛰어나지 않다. 그리고 우리 주변에는 맛있는 것, 재밌는 것, 예쁘고 멋진 것이 너무 많다. 따라서 쓰고 남은 돈을 저축해야겠다는 생각을 한다면, 한순간 돈이 사라져버려서 안 그래도 코딱지만 한 월급이 미세먼지만큼 남을 수 있다. 이렇게 되면 매달 저축할 금액이 들쭉날쭉해지고 내 자산을 늘리기도 점점 어려워진다.

하지만 저축을 먼저 하면 남은 금액으로 앞으로 생활하기 위한 구상을 할 수 있다. 물론, 앞서 말한 것처럼 인간은 스스로 통제하는 능력이 뛰어나지 않아서 남은 금액으로 생활하는 게 힘들 수도 있다. 그럼에도 불구하고 월급 받는 즉시 일정 금액을 저축하는 습관은 반드시 들이는 것이 좋다는 것을 강조하고 싶다.

### 각종 서비스를 이용할 수 있다

은행이 없다면 모든 돈을 내가 관리해야 한다. ATM(현금자동입출금기) 기계도 없을 것이므로 필요한 돈을 항상 지니고 다녀야 한다. 부동산 계약이라도 하려면 수천만 원~수억 원을 지폐로 들고 다녀야 할 텐데, 무척 위험하고 번거로운 일이다. 하지만 은행은 우리를 위해(사실은 은행의 이윤을 위해) 우리 생활

곳곳에 ATM 기계를 설치해 두어서 현금을 찾을 수 있게 해주었고, 은행에 방문하지 않아도 내 침대에서 다른 사람에게 돈을 보낼 수 있다. 또한, 매달 규칙적으로 내야 할 돈이 있다면 일일이 신경 쓰지 않아도 자동이체로 알아서 돈을 보내준다. 이 모든 것은 은행 계좌를 가지고 있다면 누구나 가능한 일이다.

# Chapter 05

# 나라에서 강제로 가져가는 돈

# 나라에서 내 돈을 빼앗아 간다?

초등학교 교실에서 아이들 경제교육을 위한 학급 화폐 활동을 하며 세금을 걷는다.
세금을 걷으며 아이들에게 세금에 대해 어떻게 생각하는지 물었더니 이런 대답을 했다.

"나라에서 내 돈을 빼앗아 가니까 일할 맛이 안 나요."

## 나라에서 내 돈을 빼앗아 간다?

'세금'의 사전적 의미는 다음과 같다.

**세금(稅金)**
국가 또는 지방 공공 단체가 필요한 경비로 사용하기 위하여 국민이나 주민으로부터 강제로 거두어들이는 금전

'강제로'라는 말이 눈에 띈다. 세금은 내고 싶으면 내고, 내고 싶지 않으면 안 낼 수 있는 게 아니다. 이는 나라의 법 중 가장 기본이 되는 헌법에 명시되어 있다. 헌법 제38조에는 다음과 같이 적혀 있다.

**헌법 제38조**
모든 국민은 법률이 정하는 바에 의하여 납세의 의무를 진다.

헌법에는 모든 국민이 세금을 낼 의무가 있다고 되어 있다. 그리고 이와 관련된 자세한 내용은 소득세법, 상속세 및 증여세법 등 법률로 자세하게 적어두고 있다. 즉 국민이라면 누구나 세금을 내야 하며, 내가 얼마를 내야 할지도 나라에서 만들어 놓은 법에 따라 정해진다. 법은 강제성을 띤 규칙이다. 그래서 세금을 내지 않으면 법을 어기는 것이고 처벌을 받을 수도 있다. 국민투표를 거쳐 '납세의 의무' 내용을 개헌하지 않는 이상 우리는 세금을 내야 한다. 벤저민 프랭클린은 "이 세상에서 세금과 죽음을 제외하고 확실한 것은 하나도 없다"라고 말했다. 그렇다면 어차피 내야 할 세금, 잘 알고 내야 하지 않을까?

## 세금의 시작

세금은 아주 오래전부터 존재했다. 사람들이 모여 살기 시작하며 다른 부족으로부터 우리 부족을 지킬 필요가 있었다. 그래서 지금으로 치면 군인처럼 적의 침입을 막을 사람들을 두기 시작했다. 그런데 이 사람들은 마을을 지키느라 먹고살기 위한 농사를 짓지 못했다. 그래서 군인이 아닌 부족민들은 필요한 것을 조금씩 모아 군인 역할을 하던 사람들에게 나눠주기 시작했다. 이것이 최초의 세금이다.

기록으로 따져보면 기원전 4000년경 메소포타미아 지방의 쐐기문자에서도 세금에 관한 내용을 찾아볼 수 있고, 기원전 200년경 새겨진 이집트의 로제타석에도 세금 관련 내용이 있다.

## 세금, 문명사회를 살아가는 대가

세금을 회비에 빗대어 생각해보면 이해하기 쉽다. 내가 운동모임에 가입했다고 하자. 사람들이 모여 운동하려면 장소를 빌려야 하고, 소모품, 회식비용 등도 필요할 것이다. 하지만 한 사람이 이 비용을 부담하기는 어렵다. 그래서 '모임 회비'를 걷어 그 돈으로 장소 대여 비용을 내고 회식비도 지출할 것이다. 이렇게 작은 모임을 운영하는 데도 돈이 필요한데, 국가라는 거대한 집단을 운영하는 데는 어마어마한 돈이 들 것이다. 이 돈을 바로 '세금'으로 해결하는 것이다.

미국의 법학자이자 연방 대법관 올리버 웬들 홈스(1841~1935)는 세금을 '문명사회에 사는 대가'라고 표현했다. 만일 세금이 없다면 우리가 현대 문명을 살아가며 당연하게 누렸던 것들을 누리지 못할 것이다. 세금이 없다면 우리나라를 지키는 군대, 치안을 유지하는 경찰, 화재를 진압할 소방서, 아이들을 가르치는 학교도 문을 닫을 것이다. 시원한 밤공기를 맞으며 걷는 강변의 산책로도 세금이 없다면 누릴 수 없을 것이다.

## ★ 세금을 안 내면 어떻게 되나요?

세금을 제때 내지 않는 것을 '체납'이라고 해요. 세금을 체납했을 때는 세금의 종류마다 가산금, 중가산금, 납부지연가산세 등을 내게 됩니다. 만약 재산세를 체납하면 고지된 세금의 3% 정도의 가산금이 붙어요. 예를 들어 100만 원을 세금으로 내야 하는데 납부기한이 지났다면 103만 원을 내야 하는 거죠. 이후 한 달이 지났는데도 세금을 내지 않으면 매월 0.75%의 중가산금이 또 붙게 돼요. 돈이 없어서 못 냈든, 깜빡하고 못 냈든 모두 해당하니 내야 할 세금이 있다면 기한에 맞추어 내는 게 좋겠죠? 체납한 금액이 많아지면 신용점수에 영향을 주거나 출국 금지가 될 수도 있어요.

# 세금의 종류

세금을 안 내면 법을 어기는 것이다. 그렇다면 어떤 종류의 세금이 있는지 잘 알고 있어야 내가 낼 세금이 있는지 없는지도 알 수 있다. 지금부터 우리가 내는 세금의 종류에는 어떤 것들이 있는지 하나씩 알아보자.

세금은 크게 국세와 지방세로 구분된다. 국세는 중앙정부에 내는 세금이다. 중앙정부는 전 국민을 위해 일하는 곳으로, 우리나라 살림을 꾸리는 데 필요한 모든 세금을 중앙정부에서 담당한다.

국세는 다시 관세와 내국세로 나뉜다. 관세는 상품이 국경을 통과할 때 부과하는 세금이고, 내국세는 국내에 있는 사람이나 물건에 대해 부과하는 세금이다. 우리가 접하는 대부분 세금이 이에 포함된다.

[우리나라 세금의 종류]

출처: 국세청

## 보통세

내국세는 보통세와 목적세로 나뉜다. 보통세는 사용 용도를 정해놓지 않고 걷는 세금이다. 보통세는 필요에 따라 사용할 곳을 정한다.

• 직접세

직접세는 세금을 내야 하는 사람과 내는 사람이 일치하는 세금이다. 종합부동산세를 예로 들자면, 집을 가진 집주인이 납세의무자(세금을 내야 할 의무가 있는 사람)인 동시에 납세부담자(최종적으로 세금을 부담하는 사람)가 되는 것이다. 소득세, 법인세, 종합부동산세, 상속세, 증여세가 여기에 포함된다. 직접세는 소득이 많은 만큼 세율이 높아지는 누진세를 적용하고 있다.

| 직접세: 납세의무자 = 납세부담자 |
|---|

• **소득세**

우리가 소득을 얻는 방법은 크게 4가지가 있다. 내가 제공한 노동력의 대가로 받는 근로소득, 사업을 통해 얻는 사업소득, 이자·배당금 등의 자본소득, 보험료 등의 이전소득이 그것이다. 4가지 중 어디에도 해당하지 않는 것은 기타소득이라고 한다. 이처럼 종류에 상관없이 소득이 발생했을 때 부과되는 세금이 소득세다. 소득이 높아질수록 높은 세율의 세금이 부과된다. 소득세에는 근로소득세, 이자소득세, 배당소득세, 사업소득세, 기타소득세, 연금소득세, 종합소득세, 양도소득세, 퇴직소득세 등이 있다.

[종합소득세 세율]

| 과세표준(1년 기준) | 세율 | 누진공제 |
|---|---|---|
| 1,200만 원 이하 | 6% | - |
| 1,200만 원 초과 4,600만 원 이하 | 15% | 1,080,000원 |
| 4,600만 원 초과 8,800만 원 이하 | 24% | 5,220,000원 |
| 8,800만 원 초과 1억 5,000만 원 이하 | 35% | 14,900,000원 |
| 1억 5,000만 원 초과 3억 원 이하 | 38% | 19,400,000원 |
| 3억 원 초과 5억 원 이하 | 40% | 25,400,000원 |
| 5억 원 초과 | 42% | 35,400,000원 |

출처: 국세청

---

### ★ 과세표준은 연봉을 말하는 건가요?

아니요. 과세표준은 총급여액에서 근로소득공제와 소득공제 항목을 제외한 금액이에요. 그리고 근로소득공제란 총급여에서 일정 금액을 공제하는 것을 말해요. 공제한 금액에는 세금이 부과되지 않아요. 소득공제는 156쪽 '연말정산'에서 자세히 살펴볼게요.

**(과세표준) = (총급여) - (근로소득공제) - (소득공제)**

### ★ 그럼 과세표준이 1억인 사람은 35%의 세율로 계산해서 3,500만 원을 세금으로 내는 건가요?

연봉이 9,000만 원인 사람과 8,000만 원인 사람이 있다고 생각해볼까요? 과세표준 8,000만 원의 세율은 24%이므로(총급여를 과세표준으로 가정) 1,920만 원의 세금을 내야 해요. 9,000만 원의 세율은 35%이니 3,150만 원의 세금을 내겠네요. 세금을 낸 후 금액을 보니 8,000만 원을 번 사람은 6,080만 원, 9,000만 원을 번 사람은 5,850만 원이 남았습니다. 열심히 일해서 1,000만 원이나 더 벌었는데 소득이 역전되었네요.

이런 문제점 때문에 세금의 세율은 구간별로 나누어 계산합니다. 즉, 과세표준이 8,000만 원이라면 1,200만 원까지는 6%의 세금인 72만 원, 1,200만 원~4,600만 원 구간에 해당하는 3,400만 원은 15%인 510만 원, 4,600만 원~8,000만 원까지는 3,400만 원의 24%인 816만 원의 세금을 부과하는 거죠. 세 구간의 세금을 모두 합하면 과세표준 8,000만 원에는 1,398만 원의 세금이 부과되는 것을 알 수 있네요.

### ★ 누진공제는 무엇인가요?

위의 방식대로 구간별 세금을 따로 계산하는 것은 번거로운 일이에요. 그래서 누진공제를 사용합니다. 구간별로 따로 계산할 필요 없이 과세표준이 해당하는 구간의 세율로 한 번만 곱한 뒤에 누진공제를 빼주면 쉽게 세액을 구할 수 있죠. 예를 들어 과세표준이 8,000만 원일 때 해당 구간의 세율인 24%를 8,000만 원에 곱합니다. 그 뒤 해당 구간의 누진공제인 522만 원을 빼주면 돼요. 어떤가요? 위에서 구간별로 나누어 구한 세액과 똑같죠?

8,000만 원 × 24% - 522만 원 = 1,398만 원
(과세표준) × (세율) - (누진공제) = (세액)

### ★ 아르바이트도 소득세를 내나요?

하루에 15만 원까지는 비과세에 해당하므로 세금을 내지 않아도 돼요.

• 법인세

법인세란 개인이 아닌 법인 소득에 부과하는 세금이다. 여기서 법인이란 주식회사, 사단법인, 재단법인과 같이 법인 형태로 사업을 할 때, 사업을 통해 생긴 소득에 부과하는 세금이다. 쉽게 생각해 기업에 부과하는 세금이라고 보면 된다.

• 종합부동산세

종합부동산세(종부세)는 부동산에 매기는 세금이다. 부동산이라고 하면 흔히 아파트를 떠올리는데, 부동산의 정확한 뜻은 주택, 토지, 수목처럼 움직일 수 없는 재산을 말한다. 하지만 주택이나 토지를 가지고 있다고 해서 무조건 종합부동산세를 내는 건 아니다. 2021년 7월 기준으로 종합부동산세는 아래 기준에 해당하는 사람이 내야 한다.

[종합부동산세 납세의무자(2021. 7. 기준)]

· **주택**

인별로 소유한 전국 주택의 공시가격 합계액이 6억 원을 초과하는 자
(단, 1세대 1주택자는 9억 원을 초과하는 자)

· **종합합산토지**

인별로 소유한 전국 종합합산토지(나대지 등)의 공시가격 합계액이 5억 원을 초과하는 자

· **별도합산토지**

인별로 소유한 전국 별도합산토지(주택을 제외한 건축물의 부속 토지 등)의 공시가격 합계액이 80억을 초과하는 자

출처: 국세청

• 상속세

상속세는 돌아가신 분으로부터 재산을 물려받았을 때 내는 세금이다. 故 이건희 전 회장의 상속세가 무려 12조 원에 이른다는 소식에 많은 사람이 놀라워했다. 너무 많은 금액이라는 이야기도 나왔는데, 이는 우리나라의 상속세 최고 세율이 50%이기 때문이다.

[상속세 세율]

| 과세표준(1년 기준) | 세율 | 누진공제 |
|---|---|---|
| 1억 원 이하 | 10% | - |
| 1억 원 초과 5억 원 이하 | 20% | 1천만 원 |
| 5억 원 초과 10억 원 이하 | 30% | 6천만 원 |
| 10억 원 초과 30억 원 이하 | 40% | 1억 6천만 원 |
| 30억 원 초과 | 50% | 4억 6천만 원 |

출처: 국세청

★ 만약 상속세를 내지 못하면 어떻게 되나요?

상속세도 세금이므로 제때 내지 않으면 납부지연가산금을 내게 됩니다. 그래서 상속받을 재산이 많아 상속세를 많이 내야 하는 부자들은 미리 대비해 두는 경우가 많아요. 대표적인 방법의 하나는 종신보험에 가입해 사망보험금으로 상속세를 내는 거죠. 그리고 상속세가 2천만 원이 넘으면 5년에 걸쳐 나누어 내는 연부연납제도도 있어요. 이때는 세금의 6분의 1을 먼저 내고, 나머지 6분의 5를 일정 기간에 걸쳐 나누어 냅니다. 하지만 연부연납에는 이자가 붙고, 담보도 있어야 해요.

### ★ 돈이 아닌 값비싼 물건으로 세금을 낼 수는 없나요?

삼성그룹의 상속세에 관한 이야기가 나오며 故 이건희 전 회장이 보유하고 있던 값비싼 미술품에 관심이 쏠렸어요. 상속세를 내려고 미술품을 팔면 세금은 마련할 수 있겠지만, 귀한 미술품들이 우리나라 밖으로 팔려갈 수 있으니까요. 그래서 미술품 물납제에 관한 이야기가 나왔죠. 물납제란 세금을 물품으로 내는 것인데, 조선 시대에 쌀이나 비단 등으로 세금을 내던 것을 생각하면 돼요. 세금을 돈 대신 미술품으로도 낼 수 있게 하자는 거죠. 하지만 미술품의 가치를 객관적으로 매길 방법이 없어서 시행되지는 못했어요.

- 증여세

증여란 자기의 재산을 무상으로 다른 사람에게 주는 것을 말한다. 여기서 재산은 현금 및 부동산 등을 포함한다. 상속도 재산을 무상으로 주는 것이지만, 죽음으로 인한 증여이므로 증여와 상속은 구분하여 사용하고 있다. 증여세는 증여받은 사람이 내는 것이 원칙이다.

다음의 표를 보면 상속세와 증여세의 세율이 같다. 차이가 있다면 증여세에는 공제대상이 존재한다는 것이다. 공제란 받을 몫에서 일정 금액을 빼는 것을 말하는데, 내야 할 세금에서 조건에 해당하는 만큼 금액을 빼준다는 의미이다.

[증여세 세율]

| 과세표준 | 세율 | 누진공제 |
|---|---|---|
| 1억 원 이하 | 10% | - |
| 1억 원 초과 5억 원 이하 | 20% | 1천만 원 |
| 5억 원 초과 10억 원 이하 | 30% | 6천만 원 |
| 10억 원 초과 30억 원 이하 | 40% | 1억 6천만 원 |
| 30억 원 초과 | 50% | 4억 6천만 원 |

출처: 국세청

증여자에 따른 공제한도액은 다음과 같다.

[증여자 공제 한도액]

| 증여자(증여하는 사람) | 공제한도액 |
|---|---|
| 배우자 | 6억 원 |
| 직계존속(부모, 조부모 등) | 5천만 원(증여받는 사람이 미성년자일 때는 2천만 원) |
| 직계비속(자녀, 손자 등) | 5천만 원 |
| 기타친족 | 1천만 원 |
| 기타 | 없음 |

★ 공제받을 수 있으면 여러 번 나눠서 재산을 증여하면 되잖아요?

여러 번 나눠 내더라도 매번 공제받을 수는 없어요. 증여 공제는 10년간의 증여금액을 누적한 금액의 한도액이에요.

• 간접세

간접세는 세금을 내야 하는 사람과 내는 사람이 일치하지 않는 세금이다. 부가가치세, 개별소비세, 주세, 인지세, 증권거래세가 간접세이다. 부가가치세를 예로 들었을 때 부가가치세를 내야 하는 사람은 물건을 산 고객이지만, 세금을 내는 사람은 가게의 주인이다. 직접세가 소득이 높을수록 높은 세율로 세금을 냈던 것과 달리 간접세는 누구나 같은 비율의 세금을 내야 한다.

| 간접세: 납세의무자 ≠ 납세부담자 |
|---|

• 부가가치세

부가가치세는 우리 생활에서 흔히 접하는 세금이다. 우리가 인식하지 못할 뿐, 하루에도 몇 번씩 부가가치세를 내고 있다. 부가가치세는 재화나 서비스에 부과하는 세금이다. 영어로는 'Value added tax'라고 하며 줄여서 VAT라고 한다. 우리나라의 부가가치세 세율은 10%이다. 이때 부가가치세는 최종가격에만 매긴다. 물건의 최종가격이 1,000원이라면 1,000원의 10%인 100원의 부가가치세가 포함되어 1,100원을 내고 물건을 구매하게 된다.

★ 식당에 갔는데 주문한 가격에서 10%를 더 받았어요. 저는 부가가치세를 두 번 낸 건가요?

우리나라는 대부분 부가가치세 10%가 포함된 가격을 표기해놓고 있어요. 하지만 가끔 부가가치세가 포함되지 않은 금액을 메뉴판이나 가격표에 적어놓고, 결제 직전에 부가가치세를 포함하는 경우가 있어요. 생각한 금액보다 더 많은 금액이 나와서 당황하지 않으려면, 메뉴판에 'VAT 별도' 혹은 '부가가치세 별도' 같은 문구가 없는지 잘 확인하도록 해요.

★ 모든 물건에 부가가치세를 매기나요?

아니요. 부가가치세를 매기지 않는 재화나 서비스가 있어요. 대표적으로 채소류, 과일류, 수돗물, 연탄, 여성용 위생용품, 신문, 도서관과 박물관 입장료 등엔 부가가치세가 없어요.

• 개별소비세

개별 소비세는 특정 물품이나 서비스를 소비할 때 별도의 세율을 부과하는 세금이다. 대표적인 개별소비세 부과 물품인 자동차의 경우, 자동차 가격의 5%를 개별소비세로 낸다. 자동차 가격이 3,000만 원일 때 5%인 150만 원을 개별소비세로 내는 것이다.

그 외에 가격의 20%를 내는 수렵용 총포류, 보석, 귀금속류, 경마장 및 경륜장 입장료 등에도 개별소비세가 부과된다.

• 주세

주세는 말 그대로 술(酒)에 부과하는 세금이다. 최근 편의점에 수제 맥주 종류가 아주 많아졌다. 가격도 4캔에 1만 원으로 부담 없이 즐길 수 있다. 이는 주세와도 관련 있는데, 기존의 주세는 출고가격에 세금을 부과하던 '종가세'였지만, 지금은 출고되는 양에 세금을 부과하는 '종량세'로 바뀌었다.

현재 우리나라에서 맥주 1kℓ(킬로리터)에 부과되는 세금은 830,300원이다. 1ℓ로 계산하면 830.3원이다. 500㎖ 맥주 한 캔을 사면 415원 정도의 주세를 내는 셈이다. 물론 부가가치세 10%가 따로 붙는다. 뿐만 아니라 맥주에는 목적세와 교육세도 포함되어 있다.

---

★ 종가세에서 종량세로 바뀌었는데 왜 수제 맥주를 저렴하게 먹을 수 있는 건가요?

대형 주류회사와 비교했을 때, 수제 맥주를 만드는 기업들은 좋은 품질의 맥주를 소량만 생산해요. 그런데 제조 단가가 높다 보니 출고가격에 세금을 매기는 종가세에서는 많은 세금을 낼 수밖에 없었어요. 하지만 이제는 만든 양에 비례해 세금을 내므로 세금 부담이 줄어든 거죠. 주세법이 개정된 덕에 소비자들이 다양한 맥주를 저렴한 가격에 먹을 수 있게 되었네요.

• 인지세

인지세는 재산에 대한 권리가 생기거나 없어지거나 변경되었을 때 이를 증명하는 문서를 작성하는데, 이때 내는 세금이다. 예를 들어 세금이나 수수료 등을 냈다는 걸 증명하기 위해 서류에 붙이는 수입인지(일종의 증표)가 있다. 그 외에 부동산 계약을 하거나 대출받을 때도 인지세를 내야 한다.

• 증권거래세

증권거래세는 유가증권을 팔 때 부과하는 세금이다. 예를 들어 내가 가지고 있던 주식을 매도할 때 증권거래세를 내야 한다. 보통은 우리가 직접 내지 않고 주식을 매도할 때 자동 계산되어 원천징수된다. 이때 매도를 통해 내가 이익을 봤든 손해를 봤든 세금을 내야 한다. 증권거래세율은 0.23%이며, 내가 100만 원어치 주식을 매도한다면 2,300원의 세금을 내는 셈이다.

## 목적세

목적세는 어디에 쓸지를 미리 정해놓고 걷는 세금이다. 보통세는 국가에 필요한 곳이면 어디든 자유롭게 쓸 수 있지만, 목적세는 정해둔 목적 외에는 사용할 수 없다. 목적세는 각각의 이름으로 따로 거두는 게 아니라 종합부동산세, 개별소비세, 법인세 등에 포함되어 거두어진다. 다른 세금에 덧붙여서 매겨지는 부가세(Sur-Tax)인 셈이다. 또한, 목적세는 그 목적을 이루어야 사라진다. 예를 들어 도로확충에 필요한 세금(목적세)을 거두겠다는 계획을 세울 때, 도로가 완성되는 시점까지만 목적세를 걷고 그 이후에는 해당 목적세를 폐지할 것이라고 미리 정해둔다. 2021년 기준 대한민국의 목적세는 교육세, 교통·에너지·환경세, 농어촌특별세가 있다. 이들 세 목적세 모두 폐지일이 정해져 있었으나 연장되어 지금까지 이어지고 있다.

- 교육세

교육세란 우리나라 교육 발전을 위한 세금이다. 1982년 학교의 학생 수가 급격히 증가하자 교육 부문에 지원을 늘려 과밀학급을 해소하고, 의무교육 기간을 연장하기 위해 도입됐다. 금융·보험업자의 수익 중 0.05%, 개별소비세액의 15%, 주세액의 10%(맥주는 30%), 교통·에너지·환경세액의 15%를 교육세로 부과한다. 아이러니하게도 술을 좋아하는 애주가는 우리나라 교육 발전에 꽤 이바지하고 있는 셈이다.

---

★ 맥주에는 교육세가 얼마나 붙나요?

맥주 한 캔의 출고 원가를 100원으로 생각했을 때 주세가 72원, 교육세는 주세의 30%이므로 21.6원이 되겠네요. 그리고 원가에 주세와 교육세를 합한 193.6원의 10%인 19.36원이 부가가치세로 붙어요. 미래에셋대우 리서치센터의 분석에 따르면 소비자에게 1,522원에 판매되는 맥주의 42%(638.2원)가 세금이라고 해요.

• 교통·에너지·환경세

교통·에너지·환경세는 도로나 철도 등 교통시설을 만들고 관리하는 데 필요한 돈을 마련하기 위한 세금이다. 고속도로나 시내의 도로 등이 교통·에너지·환경세로 만들어지고 있다. 통계청에 따르면 2019년 기준 14조 6천억 원가량의 교통·에너지·환경세가 거두어졌으며, 이는 2019년 국세 수입의 5%에 해당하는 주요 세원이다. 대표적으로 휘발유와 경유에 교통·에너지·환경세가 부과된다. 1ℓ당 휘발유는 529원, 경유는 375원의 세금이 포함되어 있다.

---

★ 원유가격에 비해 휘발유 가격이 너무 비싼 것 같아요. 왜 그런가요?

원유는 배럴 단위로 가격이 책정됩니다. 1배럴은 159ℓ 정도의 양이에요. 2021년 7월 14일 기준, 국제유가는 1배럴당 약 75달러(한화 87,000원)였습니다. 이를 1ℓ당 계산하면 547원 정도예요. 그런데 2021년 7월 14일 기준 우리나라 휘발유 가격은 1,630원이었어요. 그럼 주유소에서 1ℓ당 1,000원이 넘는 이윤을 남긴 걸까요? 그건 아니에요. 휘발유 가격에도 다양한 세금이 붙거든요. 휘발유에 부과되는 세금(유류세)은 다음과 같아요.

[휘발유 1ℓ에 부과되는 세금]

| | | |
|---|---|---|
| 유류세 | 교통세 | 529원 |
| | 교육세 | 79.35원(교통세의 15%) |
| | 주행세 | 137.54원(교통세의 26%) |
| 판매부과금 | | 36원 |
| 부가가치세 | | 10% |

표를 보면 알 수 있듯이 휘발유 1ℓ당 745.89원의 세금이 고정으로 부과되고 부가가치세까지 붙는 걸 알 수 있어요. 그러니 원유가격보다 휘발유 가격이 높을 수밖에 없죠. 그리고 원유에서 휘발유를 추출하는 정유사를 거쳐 주유소로 기름이 들어오는 것이니 더 고려해야 할 게 많겠죠?

• 농어촌특별세

농어촌특별세(농특세)는 우리나라 농업과 어업의 경쟁력을 높이고 농어촌의 산업기반시설 확충, 농어촌 지역개발 사업에 쓰기 위해 거두는 세금이다. 앞서 은행의 이자를 알아볼 때 이자의 14%를 소득세로, 1.4%를 농어촌특별세로 낸다고 했다. 은행 이자 외에 종합부동산세(세액의 20%), 취득세(세액의 10%) 등에도 농어촌특별세를 부과하고 있다.

## 지방세의 종류

지방세는 지방자치단체에 내는 세금이다. 지방자치단체는 시·도·군 단위에 사는 주민을 위해 일하는 곳으로, 지방세로 거둔 세금은 지방자치단체의 살림을 위해 사용된다. 지방세 중 도세는 행정구역 기준으로 특별시·광역시·도(경상남도, 전라남도 등)에서 걷는 세금이고, 군세는 시·군·구에서 걷는 세금이다.

## 도세 중 보통세

• 취득세

취득세법에 정해진 자산을 구매할 때 내는 세금이다. 취득세를 내야 하는 자산에는 부동산, 토지, 건축물, 차량, 기계장비, 항공기, 선박, 입목, 광업권, 어업권, 양식업권, 골프회원권, 승마회원권, 콘도미니엄 회원권, 종합체육시설 이용회원권, 요트회원권 등이 있다. 취득세율은 취득한 자산의 가격이나 종류, 개수 등에 따라 달라지기도 한다.

---

★ 2,000만 원짜리 자동차를 사면 얼마의 취득세를 내야 하나요?

비영업용 승용차는 자동차 가격의 7%, 경차는 4%, 비영업용 트럭 등은 5%, 영업용 차량은 승용, 경형, 화물 상관없이 4%의 취득세를 내요. 만약 출퇴근용으로 2,000만 원짜리 승용차를 구매했다면 7%의 취득세율을 적용받아요. 즉 140만 원(경차라면 80만 원)을 취득세로 내야겠네요. 물론 개별소비세, 자동차세 등의 세금도 내야 해요. 기름을 넣어야 하니 유류세(교통세, 교육세, 주행세)도 내겠죠?

• 등록면허세

등록면허세는 재산권이나 그 밖의 권리를 설정하거나 옮기거나 바꾸거나 없앨 때 그 사항을 등기 또는 등록하는 행정행위에 부과하는 세금이다. 일종의 수수료 같은 세금으로 이해하면 쉽다.

• 레저세

레저세는 경륜, 경정, 경마 사업을 하는 자가 지방자치단체에 납부할 의무가 있는 세금이다.

• 지방소비세

지방소비세는 지방자치단체의 재정확충을 위해 국세인 부가가치세 일부를 지방세로 활용하는 것이다. 국가에서 지방자치단체로 전환하는 것이므로 개인이 신경 쓸 필요는 없는 세금이다. 2010년에 신설되었고 이때는 부가가치세의 5%를 지방세로 전환하였다. 이후 2013년에 11%, 2018년에 15%, 2020년에 21%로 점차 비율이 증가하고 있다.

## 도세 중 목적세

• 지방교육세

지방교육의 질적 향상에 필요한 지방교육재정의 확충을 위해 걷는 세금이다. 지방세 중 취득세, 등록면허세, 레저세, 담배소비세, 주민세, 자동차세에 지방교육세가 부과된다.

• 지역자원시설세

지역자원을 보호하고 환경보호, 안전·생활편의시설 설치 등 주민 생활환경을 개선하는 데 필요한 돈을 확보하기 위한 세금이다. 또한, 지역자원시설세는 소방 관련 업무에 사용되기도 한다. 발전용수, 지하수, 지하자원, 컨테이너를 취급하는 곳과 화력발전, 원자력발전소에 부과된다.

## 시군세

• 담배소비세

일반적으로 '담배' 하면 떠오르는 게 편의점에 진열된 불을 붙여 피우는 궐련형 담배일 것이다. 하지만 담배는 법에서 궐련, 파이프, 엽궐련, 각련, 전자담배, 물담배, 씹는 담배, 냄새 맡는 담배, 머금는 담배 등으로 구분되고 있다. 그리고 이 모든 담배에 담배소비세가 붙는다. 이때 세금은 담배의 개비 수나 무게 또는 니코틴 용액의 용량으로 계산하여 부과한다. 흔히 편의점에서 판매하는 담배는 1갑(20개비)에 1,007원의 담배소비세가 포함되어 있다.

---

★ 담배에는 어떤 세금이 포함되어 있나요?

편의점에서 판매하는 담배는 보통 1갑(20개비)에 4,500원이에요. 그중 세금이 얼마나 포함되어 있는지 따져볼까요?

| 세금의 종류 | 금액 |
| --- | --- |
| 개별소비세 | 594원 |
| 부가가치세 | 409원 |
| 담배소비세 | 1007원 |
| 지방교육세 | 443원 |
| 국민건강증진부담금 | 841원 |
| 폐기물부담금 | 24.4원 |
| 연초생산안정화기금 부담금 | 5원 |
| 합계 | 3323.4원 |

4,500원 중 약 74%에 해당하는 3323.4원이 세금이네요.

★ 그럼 1년 동안 담배를 팔아서 거두는 세금은 얼마인가요?

2019년 기준 담배소비세는 3조 3,577억 원이었어요. 담배 한 갑당 1,007원의 담배소비세가 붙으니 3조 3,577억을 1,007로 나누면 2019년에 판매된 담배는 약 33억 갑 정도가 되겠네요.

담배 한 갑에 총 3323.4원의 세금이 부과되니 33억에 3323.4원을 곱하면 약 11조의 세금을 담배로 벌어들였다고 할 수 있어요.

• 주민세

주민세는 지방자치단체의 주민과 해당 지역에 사무소를 둔 법인에 부과하는 세금이다. 주민세는 개인분, 사업소분, 종업원분이 있는데 이중 개인이 내는 주민세는 개인분이다. 개인분 주민세는 소득과 상관없이 해당 지방자치단체에 주소를 둔 세대주에게 1만 원 이하로 부과된다. 지방자치단체별로 개인분 주민세가 다르므로 정확한 금액은 해당 지자체에 확인해보아야 한다. 세대원은 주민세를 내지 않으며 기초생활수급자, 미성년자, 30대 미만의 세대주도 내지 않는다.

★ 6월 3일에 부산에서 서울로 이사했어요. 그럼 저는 두 곳 모두에 주민세를 내야 하나요?

주민세를 부과하는 기준은 매년 7월 1일이에요. 7월 1일 기준 주소지가 서울이므로 서울시에 주민세를 내야 해요.

★ 주민세는 어떻게 내나요?

주민세 납부기간은 매년 8월 16일부터 8월 31일까지예요. 그 전에 고지서로 주민세가 통보되죠. 고지서를 가지고 은행이나 우체국의 ATM기, 고지서에 기재된 가상 계좌번호, 위택스(www.wetax.go.kr), 지로(www.giro.or.kr) 홈페이지, ARS 1588-6074, 스마트 고지서 애플리케이션 등으로 낼 수 있어요. 납부기한을 놓치면 가산세가 붙으니 기간을 맞추어 내야겠죠?

• 재산세

재산세는 내가 가진 재산에 부과하는 세금이다. 여기에서 말하는 재산은 토지, 건축물, 주택, 항공기 및 선박을 뜻한다. 일반적으로 사람들이 많이 가진 재산은 주택이다. 주택의 세율은 아래와 같다.

| 과세표준 | 세율 | 1세대 1주택 세율 특례 |
|---|---|---|
| 6천만 원 이하 | 0.10% | 0.00% |
| 6천만 원 초과<br>1억 5천만 원 이하 | 60,000원+6천만 원<br>초과금액의 0.15% | 30,000원+6천만 원<br>초과금액의 0.001% |
| 1억 5천만 원 초과<br>3억 원 이하 | 195,000원+1억5천만 원<br>초과금액의 0.25% | 120,000원+1억 5천만 원<br>초과금액의 0.002% |
| 3억 원 초과 | 570,000원+3억 원<br>초과금액의 0.4% | 420,000원+3억 원<br>초과금액의 0.0035% |

### ★ 1세대 1주택이면 무조건 세율 특례를 받을 수 있나요?

아니에요. 시가표준액 9억 원 이하인 주택만 1세대 1주택 세율 특례를 받을 수 있어요.

### ★ 7월 15일에 아파트를 구매했다면 언제부터 재산세를 내게 되나요?

재산세 과세 기준일은 매년 6월 1일이에요. 따라서 7월 15일에 아파트를 구매했다면 내년 재산세 납부기간부터 재산세를 내면 돼요. 주택 구매가 급하지 않다면 6월 2일 이후에 사서 1년 치 재산세를 절약하는 것도 좋은 방법이겠죠?

### ★ 재산세는 언제 내나요?

재산세 납부기간은 아래와 같아요.

| 구분 | | 납부기간 |
|---|---|---|
| 토지 | | 매년 9/16~9/30 |
| 건축물 | | 매년 7/16~7/31 |
| 주택 | 제1기분 | 매년 7/16~7/31 |
| | 제2기분 | 매년 9/16~9/30 |
| 선박 | | 매년 7/16~7/31 |
| 항공기 | | 매년 7/16~7/31 |

### ★ 주택 재산세 납부기간은 왜 2번으로 나누어져 있나요?

주택의 경우 내야 할 재산세가 20만 원 미만이면 1기에 한꺼번에 내요. 그런데 20만 원 이상이면 1기분과 2기분에 절반씩 내는 거죠.

### ★ 해운대에 떠다니는 요트도 세금을 내나요?

요트도 선박이니 세금을 냅니다. 선박은 시가 표준액이 3억 원을 초과하는 경우 '고급선박'으로 분류해서 0.05%의 재산세를 매년 내야 해요. 3억 원짜리 요트를 구매했다면 매년 1,500만 원의 재산세를 내는 거죠. 3억 원 이하의 선박은 0.003%의 재산세를 내요. 2억짜리 요트를 가지고 있다면 매년 60만 원의 재산세를 내겠네요. 요트를 구매할 계획이라면 세금도 잘 생각해야겠죠?

- 자동차세

재산세 목록 중 선박과 항공기는 있는데 자동차가 없는 이유는 자동차세라는 별도의 세금이 있기 때문이다. 자동차세는 말 그대로 자동차를 가진 사람에게 부과하는 세금이다. 승용차, 승합차, 화물차, 특수자동차 등이 있으며 그중 일반적으로 납부하는 승용차 자동차세 세율은 아래와 같다.

| 비영업용 자동차 세율 | |
|---|---|
| 1000cc 이하 | cc당 80원 |
| 1600cc 이하 | cc당 140원 |
| 1600cc 초과 | cc당 200원 |

재산세는 재산 가격에 비례해서 세금을 내지만 자동차세는 자동차 가격과 상관없이 배기량(cc)을 기준으로 한다. 고급 승용차가 많아지는 요즘 상황에 맞지 않으므로 세금 부과 방식을 바꾸어야 한다는 이야기도 나오고 있다.

### ★ 자동차세의 과세 기준일은 언제인가요?

자동차세의 과세 기준일은 6월 1일과 12월 1일이에요. 이때 자동차를 소유한 사람에게 자동차세가 부과돼요.

### ★ 전기차는 자동차세를 얼마나 내나요?

비영업용 전기차는 매년 10만 원, 영업용 전기차는 2만 원의 자동차세를 내요.

### ★ 자동차세는 언제 내나요?

1년에 두 번, 1년 치 자동차세를 절반씩 나누어 내요. 1~6월 자동차세(절반)는 6월 16일부터 6월 30일 사이에 내고, 7~12월 자동차세(절반)는 12월 16일~12월 31일 사이에 내요.

### ★ 자동차세를 할인받는 방법은 없나요?

1월에 1년 치 자동차세를 미리 내면 10%의 세금을 내지 않아도 돼요. 만약 1년 치 자동차세가 20만 원인데, 이를 1월에 한꺼번에 내면 10%인 2만 원을 뺀 18만 원만 내면 되는 거죠.

### ★ 자동차세를 한 번에 낸 후에 차를 폐차하거나 다른 지역으로 이사하면 어떻게 하나요?

연납 후 사고 등의 이유로 차를 폐차하거나 세금을 안 내도 되는 일이 생기면 미리 낸 세금을 돌려받을 수 있어요. 그리고 다른 지역으로 이사하더라도 세금을 추가로 낼 필요는 없어요.

### ★ 자동차세를 안 내면 어떻게 되나요?

다른 세금과 마찬가지로 가산금이 부과됩니다. 또 번호판을 압수당할 수도 있으니 납부기간 안에 내는 게 좋아요.

### ★ 경찰차도 자동차세를 내나요?

국방·경호·경비·교통순찰 또는 소방을 위해 제공하는 자동차에는 세금을 부과하지 않아요. 환자수송·청소·오물제거 차량과 도로 공사를 위한 차량도 마찬가지예요. 대사관과 같은 주한 외교기관이 사용하는 자동차에도 세금을 부과하지 않아요.

- 지방소득세

국세 중 우리의 소득에 부과되는 세금이 소득세라고 했다. 지방소득세는 소득세에 비례해서 내는 세금인데, 소득이 있는 개인과 법인에 부과된다. 소득세를 낼 때 지방소득세도 함께 내는 것이다. 정확한 세율은 지방세법에 명시된 세율을 따르지만, 보통 소득세의 10% 수준으로 생각하면 된다. 소득세를 10만 원 낸다면 지방소득세는 1만 원 정도로 계산하면 된다.

### ★ 지방 소득세는 소득세에 포함된 건가요?

아니요. 소득세는 국가에 내는 세금인 국세이고, 지방소득세는 지방자치단체에 내는 지방세예요. 소득세 10만 원을 국가에 냈다면 지방세 1만 원은 지방자치단체에 내는 거죠. 다시 말해 총 11만 원의 세금을 내는 거예요.

# 세금, 어디에 쓰이는 걸까?

## 세금, 얼마나 걷힐까?

우리나라에 참 많은 세금이 있다는 것을 확인해보았다. 그렇다면 1년 동안 우리나라가 거둬들이는 세금은 얼마나 될까? 2019년 기준, 우리나라에서 국민에 부과한 세금은 총 391조 원이다. 이중 국세가 약 300조 원, 지방세가 약 91조 원이다. 391조 원이면 매일 1조씩 1년을 써도 26조가 남는다. 참고로 1조는 10억짜리 아파트를 1,000채 구매할 수 있는 돈이다(물론 세금을 생각 안 했을 경우).

2019년 기준 우리나라 인구수가 5,100만명 정도이므로 1년에 1인당 770만 원 정도의 세금을 내는 셈이다(나이 등을 고려하지 않은 단순 계산).

세금 종류별로 부과된 대략적인 금액은 다음과 같다.

| 2019 국세 부과액 | | | 2019 지방세 부과액 | | |
|---|---|---|---|---|---|
| 순위 | 세금의 종류 | 부과액 기준 | 순위 | 세금의 종류 | 부과액 기준 |
| 1 | 소득세 | 약 95조 원 | 1 | 취득세 | 약 24조 원 |
| 2 | 부가가치세 | 약 78조 원 | 2 | 지방소득세 | 약 18조 원 |
| 3 | 법인세 | 약 73조 원 | 3 | 재산세 | 약 12조 원 |
| 4 | 교통·에너지·환경세 | 약 14조 원 | 4 | 지방소비세 | 약 11조 원 |
| 5 | 개별소비세 | 약 1조 원 | 5 | 자동차세 | 약 8조 원 |
| 6 | 증여세 | 약 5조 원 | 6 | 지방교육세 | 약 7조 원 |
| 7 | 교육세 | 약 5조 원 | 7 | 담배소비세 | 약 3조 원 |
| 8 | 주세 | 약 3조 원 | 8 | 주민세 | 약 2조 원 |
| 9 | 상속세 | 약 3조 원 | 9 | 등록면허세 | 약 2조 원 |
| 10 | 종합부동산세 | 약 3조 원 | 10 | 지원자원시설세 | 약 2조 원 |
| 11 | 증권거래세 | 약 4조 원 | 11 | 레저세 | 약 1조 원 |
| 12 | 농어촌특별세 | 약 2조 원 | 12 | 인지세 | 약 1조 원 |
| 13 | 인지세 | 약 1조 원 | | | |

---

### ★ 국민에게 부과한 세금은 다 거두어지나요?

헌법 제38조에 나와 있듯이 국민은 납세의 의무가 있어요. 따라서 세금은 반드시 내야 하죠. 하지만 가진 재산을 감추거나 축소하는 등의 편법으로 내야 할 세금을 안 내는 사람이 있어요. 이런 걸 '탈세'라고 해요. 국세청에 따르면 2016년부터 2020년까지 5년간 약 38조 9천억에 가까운 세금을 탈세로 인해 걷지 못했다고 해요.

### ★ 전기세와 수도세는 세금 수입 중 어디에 포함되는 건가요?

일상에서 전기세, 수도세와 같은 표현을 쓰다 보니 이것도 세금으로 생각할 수 있는데, 사실 전기세와 수도세는 세금이 아니에요. 왜 그런지 이해하려면 '세금'과 '요금'을 구분할 수 있어야 해요.

세금은 법에 정해진 조건에 해당하는 사람은 누구나 내야 해요. 국가에서 제공하는 서비스를 원하지 않는다고 세금 납부를 거부할 수는 없어요. 예를 들어, 나는 평생 경찰의 도움을 받지 않을 테니, 세금을 내지 않겠다고 할 수 없는 거죠.

반면 요금은 개인이 특정 재화나 서비스를 사용하고 사용한 양만큼 돈을 내는 거예요. 많이 쓰면 요금을 많이 내고 적게 쓰면 요금을 적게 내는 거죠. 만약 해당 재화나 서비스를 원하지 않으면 안 쓰고 돈을 안 내도 돼요. 수돗물이나 전기를 사용하고 내는 돈은 세금이 아니라 '요금'인 거죠. 따라서 전기세나 수도세는 잘못된 표현이에요. 전기요금, 수도요금으로 부르는 게 정확한 표현이겠죠.

## 우리나라 세금 지출처

세금은 나라의 운영과 국민을 위해 쓰여야 한다는 것에 반대하는 사람은 없을 것이다. 그렇다면 수백조에 이르는 세금은 어디에, 어떻게 쓰이고 있을까? 2020년 대한민국의 예산안은 다음과 같다.

| 구분 | 금액 | 구분 | 금액 |
|---|---|---|---|
| 보건·복지·고용 | 180.5조 원 | 산업·중소·에너지 | 23.7조 원 |
| 교육 | 72.6조 원 | SOC(사회간접자본) | 23.2조 원 |
| 문화·체육·관광 | 8조 원 | 농림·수산·식품 | 21.5조 원 |
| 환경 | 9조 원 | 국방 | 50.2조 원 |
| R&D(연구개발비용) | 24.2조 원 | 외교·통일 | 5.5조 원 |
| 공공질서·안전 | 20.8조 원 | 일반·지방행정 | 79조 원 |

### ★ 예산에서 계획한 것과 세금을 써야 할 곳이 달라지면 어떻게 하나요?

처음 계획과 달리 세금을 써야 하거나, 계획에 없던 돈을 써야 할 때, 또는 계획보다 더 많은 돈을 써야 할 때가 생겨요. 이때는 예산을 변경하여 사용할 수 있어요. 이처럼 계획된 예산안을 바꾸는 것을 추가 경정(줄여서 추경) 예산이라고 해요.

### ★ 미국을 '천조국'이라고 부르던데 왜 그런가요?

미국은 세계 최대 강대국 중 하나죠. 경제 규모도 크고 인구수(3억 3천만 명)도 많다 보니 우리나라와는 비교할 수 없을 정도로 많은 세금이 거두어지겠죠. 그만큼 세금지출도 많은데, 미국의 국방비가 1,000조가 된다는 뜻에서 1000조국이라고 부른다는 이야기가 있어요. 실제로 1,000조까지는 아니겠지만 2021년 기준, 미국의 국방비는 800조 원을 넘어섰습니다.

# 세금과 관련된 일을 하는 곳

## 국세청

세금은 크게 국세와 지방세로 구분된다. 국세는 다시 관세와 내국세로 나뉘는데, 그중 국세와 관련된 업무를 국세청에서 담당한다. 국세청에서 하는 일은 크게 두 가지로, 첫째는 납세자가 세금과 관련된 법의 규정대로 납세의무를 이행할 수 있도록 안내하고 도와준다. 일종의 서비스 업무라고 생각하면 된다. 둘째는 모든 납세자가 세법이 정하는 바에 따른 납세의무를 제대로 이행하도록 세금 신고나 납부자료 관리 및 분석, 불성실납세자 선정·조사, 체납자에 대한 세금 강제징수 등의 업무를 한다. 2021년 7월 기준으로 1개의 국세청, 7개의 지방국세청(중부, 서울, 인천, 부산, 광주, 대전, 대구), 130개의 세무서가 있다. 지방세의 경우 지방자치단체에서 부과하고 징수한다.

## 관세청

국세 중 관세는 국세청이 아닌 관세청에서 관련 업무를 담당하고 있다. 관세청에서는 수입물품에 관세를 부과·징수하여 국가재정 수입을 확보하는 역할을 한다.

## 기획재정부

기획재정부는 우리나라의 '돈'을 담당하는 기관이다. 대한민국의 재정 및 경제정책을 담당하고 조세 관련 계획도 세운다. 그리고 거두어진 혹은 거두어질 세금을 바탕으로 국가 예산을 수립하거나 편성·관리하고, 국고와 나라의 재산 및 부채와 관련된 업무를 담당한다. 국세청과 관세청 모두 기획재정부 소속이다.

## 세무사

세무사는 국가 공무원이 아니라, 한국산업인력공단에서 시행하는 세무사 시험에 합격해서 세무사 자격을 취득한 사람을 말한다. 즉, 세금과 관련된 법이나 세무회계와 관련한 지식을 갖춘 전문가라고 할 수 있다.

세금은 종류도 많고 그와 관련된 법도 다양하다. 그리고 정책에 따라 세금 관련법이 수시로 바뀌기도 한다. 이렇게 복잡한 세금 관련법을 일반인이 모두 숙지하고 업무를 처리하기는 어렵다. 설령 할 수 있더라도 시간과 노력이 필요하다. 따라서 세금을 내야 하는 의무가 있는 사람은 세무사에게 세금 신고 및 관련 서류작성을 요청하거나, 세금과 관련한 상담과 자문을 구하기도 한다. 근로소득자는 소속된 회사에서 세금 관련 업무를 해주지만, 사업을 하거나 기타 소득 등으로 종합소득세신고를 해야 할 때는 세무사에게 관련 업무를 부탁할 수 있다. 물론 업무를 해주는 대가로 일정 금액을 세무사에게 줘야 한다.

# 세금을 정확히 냈는지 확인하는 연말정산

'13월의 월급'이라는 말이 있다. 1년은 12개월뿐인데 어떻게 13월이 생긴 걸까? 13월의 월급은 실제 13월을 뜻하는 것이 아니라, 1년간 냈던 세금을 연말정산을 통해 돌려받는 것을 말한다. 물론 세금을 돌려받기는커녕 더 내야 할 수도 있다. 그럼 연말정산이란 무엇이기에 냈던 세금을 돌려주기도 하고 더 받기도 하는지 알아보자.

## 연말정산이란 무엇인가요?

연말정산이란 소득세와 관련된 제도이다. 월급을 받으며 생활하는 근로소득자는 매달 월급에서 세금 및 건강보험료 등이 원천징수된 실수령액을 받게 된다.

월급명세서에서 세금에 해당하는 것은 소득세와 지방소득세

[월급명세서 예시]

| 급여내역 | | 공제내역 | |
|---|---|---|---|
| 기본급 | | 소득세 | |
| 상여금 | | 지방소득세 | |
| 연장수당 | | 국민연금 | |
| 식대 | | 건강보험료 | |
| 교통비 | | 고용보험료 | |
| | | 장기요양보험료 | |
| 급여총액 | | 결근공제 | |
| | | 공제총액 | |
| 실지급액 | | | |

다(때에 따라 주민세가 월급에서 빠져나가기도 한다). 이렇듯 월급날이 되면 회사 총무부에서 소득세와 지방소득세를 미리 떼고 월급을 주므로, 내가 세금을 정확히 내고 있다고 생각할 수 있다. 하지만 이때 월급명세서에 표기된 세금은 정확한 금액이 아니라 간이세액표에 따른 것이다. 따라서 연말정산 시기가 되면 1년 동안 간이세액표에 따라 거둬들인 근로소득세와 실제로 내야 하는 소득세를 비교해보고, 내야 하는 소득세보다 많이 냈으면 돌려주고 적게 냈으면 더 걷어가는 것이다.

---

★ 원천징수가 무슨 뜻인가요?

원천징수란 세금을 걷는 방법의 하나예요. 원래는 세금을 내야 할 의무가 있는 사람이 나라에 직접 세금을 내야 해요. 내가 월급을 받았으면 근로소득세를 스스로 내야 하는 거죠. 사업소득을 얻는 사람은 종합소득세 납부기간에 직접 세금을 내고 있어요. 하지만 근로소득세의 경우 급여를 주는 사람이 대표로 세금을 걷어서 국가에 미리 내는 겁니다. 회사에서 돈을 떼 가는 게 아니라, 내가 할 일(나라에 직접 세금 내는 일)을 대신해주는 거죠. 나라 입장에서는 세금을 미리 확보할 수 있고, 세금이 누락되는 것을 막을 수 있다는 장점이 있죠. 납세 의무가 있는 개인으로서는 한 번에 내야 하는 세금을 12개월 동안 나눠서 내는 셈이니 부담을 줄일 수 있겠죠.

### ★ 간이세액표는 무엇인가요?

간이세액표는 소득의 차이에 따라 원천징수해야 할 세금 금액을 정해놓은 표예요. 회사에서 월급을 담당하는 부서는 이 간이세액표를 참고하여 급여명세서를 작성하는 거죠.

간이세액표는 국세청 홈택스 → 조회/발급 → 기타조회 → 간이세액표 → 근로소득간이세액표에서 확인할 수 있어요. 내가 낼 세금이 얼마나 될지 궁금하다면 미리 확인해보는 것도 좋겠죠.

### ★ 연말정산은 연말인 12월에 하는 건가요?

연말정산에서 기준으로 삼는 소득은 매년 1월~12월까지 벌어들인 금액이에요. 12월까지의 소득을 정확히 알아야 하므로, 보통 1월에 연말정산 자료를 회사에 제출해요.

### ★ 제 월급명세서에는 소득세가 없고 갑근세라는 게 있어요. 갑근세가 뭔가요?

갑근세는 갑종근로소득세를 줄여서 부르는 말이에요. 원천징수로 거둬지는 근로소득세를 의미하죠. 즉, 갑근세는 소득세와 같은 것으로 생각하면 돼요.

## 소득공제

연말정산을 자세히 알아보기 전에 소득공제가 무엇인지 먼저 살펴보자. 소득공제에서 '소득'은 경제활동의 대가로 얻는 돈을 뜻하고 '공제'는 일정한 금액이나 수량을 빼는 것을 말한다. 두 단어의 뜻을 합치면 '경제활동의 대가로 얻은 돈 중 일부를 빼는 것'을 의미하는데, 의미만 보아서는 소득이 줄어드는 게 아닌가? 라는 걱정이 든다. 하지만 소득공제는 내 소득을 빼는 게 아니라 '세금을 부과하는 소득에서 제외해준다.'라고 생각해야 한다.

가령, 소득에 10%의 세금을 부과한다고 생각해보자. 100만 원을 벌었다면 10%인 10만 원을 세금으로 내야 한다. 하지만 10만 원의 소득공제를 받는다면, 세금을 부과해야 하는 돈 100만 원 중에서 10만 원은 세금을 매기는 소득에서 제외해준다는 이야기가 된다. 즉 100만 원에서 소득공제를 받은 10만 원을 뺀 90만 원에만 세금을 부과한다는 것이다. 90만 원의 10%는 9만 원이므로 소득공제를 받음으로써 내가 내야 할 세금이 1만 원 줄어든 것이다.

---

★ 소득공제는 어떻게 받을 수 있나요?

소득공제를 받을 수 있는 항목이나 소득공제 비율은 국가의 정책 등에 따라 매년 달라지거나 새로 생기기도 해요. 따라서 정확한 내용은 매년 연말정산 시기에 확인해보는 게 확실해요. 2021년 7월 기준 소득공제 항목은 다음과 같아요.

- 인적공제

인적공제는 소득공제에서 가장 큰 비중을 차지해요. 인적공제 항목엔 기본공제와 추가공제가 있는데, 이중 기본공제는 아래 목록에 해당하는 1명당 150만 원의 소득공제를 받을 수 있어요.

<기본공제>
· 본인
· 배우자(연간 소득 100만 원 이하)
· 직계존속(연간 소득 100만 원 이하, 만 60세 이상)
· 형제자매(연간 소득 100만 원 이하, 만 20세 이하, 만 60세 이상)
· 직계비속(연간 소득 100만 원 이하, 만 20세 이하)
· 위탁아동(연간 소득 100만 원 이하, 만 18세 미만)
· 수급자 등(연간 소득 100만 원 이하)

<추가공제>
· 경로우대: 1명당 100만 원(기본공제대상자 중 만 70세 이상)
· 장애인: 1명당 200만 원(기본공제대상자 중 장애인)
· 부녀자: 50만 원
· 한부모: 100만 원(배우자가 없는 자로서 기본 공제 대상인 직계비속 입양자가 있는 경우)

인적공제는 가족이 같이 살지 않아도 받을 수 있어요. 하지만 가족 중 한 명만 인적공제 혜택을 받을 수 있죠. 만약 형제 중 한 명이 70세 아버지의 인적공제를 받았다면 나머지 형제는 인적공제 혜택을 못 받는 거죠.

- 신용카드 소득공제

신용카드를 많이 써서 1년 총급여액의 25%를 초과했다면, 그중 15%

를 소득공제해줘요. 예를 들어, 총급여액이 5,000만 원이라면 그중 25%는 1,250만 원이죠. 그리고 신용카드 사용액이 2,000만 원이라면 1,250만 원(총급여액의 25%)을 초과한 금액은 750만 원이네요. 이 750만 원의 15%인 112만 5천원을 공제받을 수 있어요. 소득공제를 뺀 금액을 과세표준으로 삼기 때문에 5,000만 원이었던 과세표준이 4,887만 5천원이 되었어요. 세금으로 따지면 27만 원을 절약하게 되네요.

(※계산의 편의를 위해 총급여와 과세표준을 같은 금액으로 설정했습니다. 실제로는 총급여에서 근로소득공제와 소득공제 항목을 뺀 금액이 과세표준입니다(126쪽 소득세 내용 참고)).

- 체크카드 소득공제

체크카드도 1년 총급여액의 25%를 초과했다면, 그중 30%를 소득공제해줘요. 위의 신용카드 예시와 똑같은 상황에서 1,250만 원(총급여액의 25%)을 초과한 750만 원을 체크카드로 썼다면, 30%인 225만 원의 소득공제 혜택을 받아요. 즉 과세표준이 4,775만 원이 되므로 신용카드보다 2배 많은 54만 원의 세금을 절약하게 되겠네요. 총급여의 25%가 넘어가면 신용카드보다는 체크카드를 쓰는 게 세금을 더 아낄 수 있겠죠?

(※계산의 편의를 위해 총급여와 과세표준을 같은 금액으로 설정했습니다. 실제로는 총급여에서 근로소득공제와 소득공제 항목을 뺀 금액이 과세표준입니다(126쪽 소득세 내용 참고)).

- 기타 공제항목

전통시장이나 대중교통을 이용하며 사용한 금액의 40%를 소득공제 받을 수 있어요. 신용카드나 체크카드로 결제해도 다른 금액과 분리되어 소득공제 혜택을 받을 수 있으니 걱정 안 해도 돼요.

또한, 도서·신문·공연·박물관·미술관에서 사용한 금액의 30%를 소득공제 받을 수 있어요. 하지만 이 항목은 총급여액이 7천만 원 이하여야 가능해요.

주택청약통장에 저축한 금액은 240만 원 한도에서 40%까지 소득공제 혜택을 받을 수 있어요. 단, 연소득 7,000만 원 이하, 무주택세대주라는 조건을 충족해야 해요.

월세를 낼 때도 소득공제 혜택을 받을 수 있답니다. 국세청을 통해 월세를 현금영수증 처리하면 돼요.

### ★ 총급여액의 25%를 사용해야 한다고 했는데, 그럼 체크카드 따로 신용카드 따로인가요?

신용카드, 체크카드, 현금영수증 사용금액을 모두 합해 총급여액의 25%가 넘는 금액부터 소득공제 혜택을 받을 수 있어요. 이때, 총급여액의 25%에 해당되어 공제대상이 아닌 내역은 소득공제율이 낮은 것부터 포함됩니다. 예를 들어 총급여액이 4,000만 원인 사람(총급여의 25%는 1,000만 원)이 체크카드로 700만 원, 신용카드로 700만 원을 썼다면, 체크카드 200만 원, 신용카드 200만 원에 대한 소득공제를 해주는 게 아니라, 소득공제율이 낮은 신용카드 700만 원과 체크카드 300만 원을 우선 제외하고 체크카드의 400만 원에 대해 소득공제를 해주는 거죠.

### ★ 신용카드나 체크카드로 사용한 모든 비용이 소득공제대상인가요?

아니요. 소득공제 항목에서 제외되는 것도 있어요. 세금납부액, 각종 공과금(전기요금, 수도요금, 아파트 관리비 등), 통신비(휴대전화, 인터넷), 자동차 구입비(리스 포함), 해외 사용금액, 상품권 등 유가증권 구입비 등은 소득공제대상이 아니에요.

**★ 소득공제는 제한 없이 얼마든 받을 수 있는 건가요?**

아니요. 아래 표와 같이 소득공제 항목별로 한도가 정해져 있어요. 총급여액에 따라 한도가 달라지니 본인의 한도는 얼마인지 잘 확인해 두는 게 좋겠죠?

<table>
<tr><th>총급여</th><th>신용·<br>체크카드,<br>현금영수증</th><th>도서·신문·<br>공연·박물관·<br>미술관</th><th>전통시장</th><th>대중교통</th></tr>
<tr><td>7000만 원 이하</td><td>300만 원</td><td rowspan="4">100만 원</td><td rowspan="4">100만 원</td><td>100만 원</td></tr>
<tr><td>7000만 원 초과</td><td rowspan="2">280만 원</td><td rowspan="3"></td></tr>
<tr><td>1억 2천만 원 이하</td></tr>
<tr><td>1억 2천만 원 초과</td><td>230만 원</td></tr>
</table>

## 현금영수증

현금으로 물건을 샀을 때 '현금영수증 드릴까요?'라는 말을 들은 적이 있을 것이다. 현금영수증은 2005년도에 우리나라에서 세계 최초로 도입한 제도이다. 소비자가 핸드폰 번호 등을 알려주면 현금으로 거래한 금액만큼 현금영수증을 발행해주는 것이다. 이 내역은 국세청에 통보된다.

현금영수증 제도엔 두 가지 기능이 있다. 첫째는 정부 측면에서 보았을 때 탈세를 막을 수 있다는 것이다. 현금은 어디서 얼마나 거래되는지 알기가 어렵다. 하지만 현금영수증을 발급하고 거래 내용을 전산에 등록하면 세금을 정확하게 부과할 수 있다.

둘째는 소비자가 소득공제 혜택을 받을 수 있다. 현금영수증은 신용카드, 체크카드와 합쳐 총급여액의 25%를 초과한 금액에 대해 30%를 소득공제 받을 수 있다. 연말정산에 대해 알았으니 이제 현금영수증은 꼭 발급해야 한다는 것을 이해했을 것이다.

---

★ 현금영수증 발급을 거부하는 가게가 있다면 어떻게 해야 하나요?

1원이라도 현금으로 결제했다면 가게는 의무적으로 현금영수증을 발급해야 해요. 만약 현금영수증 발급을 거부한다면 5년 이내에 국세청 홈택스 홈페이지 → 상담/제보 → 현금영수증·신용카드·주택임차료 민원신고에서 신고하면 됩니다. 또는 손택스 애플리케이션에서도 신고할 수 있어요. 미발급 신고와 현금영수증 발급 거부 신고 모두 가능합니다.

★ 현금영수증 미발급 신고를 하면 신고자에게 혜택이 있나요?

현금영수증 발급 거부 사실이 확인되면 신고자에게 신고한 금액만큼 소득공제 혜택이 추가됩니다. 또 신고 금액의 20%(최소 1만 원~최대 50만 원)를 포상금으로 받을 수 있어요.

★ 온누리상품권도 현금영수증이 되나요?

네, 온누리상품권 뒷면에 현금영수증 발급이 가능하다고 적혀있어요. 당당하게 현금영수증을 요구해도 됩니다.

★ 발급한 현금영수증은 잘 모아 둬야 할까요?

전산에 등록되므로 따로 모아 둘 필요는 없어요. 내가 발급받은 현금영수증을 확인하고 싶다면 홈택스 사이트에서 조회할 수 있어요.

### ★ 15,000원짜리 물건을 사고 10,000원은 카드로, 5,000원은 현금으로 계산했어요. 이때도 현금영수증 발급이 가능한가요?

가능합니다. 전체 결제금액 중 일부만 현금으로 내더라도 현금 결제분에 대해서 현금영수증을 받을 수 있어요.

### ★ 현금영수증을 받으려면 제 전화번호를 노출해야 하는데 너무 싫어요. 방법이 없을까요?

현금영수증을 발급받을 때 주로 본인 휴대전화번호를 사용합니다. 하지만 전화번호 노출이 꺼려진다면 국세청 홈택스 누리집에 회원가입을 하고, 현금영수증 카드를 신청한 뒤 계산할 때 현금영수증 카드를 제시하면 돼요. 또는 현금영수증을 자진 발급하는 방법도 있어요. 가게에 현금영수증 자진 발급을 요구하면 0100000****이 적힌 영수증을 줍니다. 이 영수증을 챙겨서 홈택스 홈페이지나 손택스 앱에 직접 등록하면 전화번호 노출 없이 현금영수증을 발급할 수 있어요.

### ★ 현금을 내면 깎아준다고 말하는 가게 주인, 탈세 아닌가요?

무조건 탈세로 볼 수는 없어요. 카드 수수료가 부담되어 현금 결제를 선호하는 사장님도 있거든요. 현금을 내면 할인도 해주고 현금영수증까지 발급해준다면 전혀 문제 될 게 없어요. 하지만 현금영수증을 발급하지 않는 조건으로 현금 결제를 요구하면 소득을 제대로 신고하지 않으려는 의도가 분명해요. 이때는 현금영수증 발급 거부 신고를 하면 됩니다.

## 세액공제

소득공제가 내야 할 세금을 계산하기 전에 과세표준에서 금액을 빼주는 거라면 세액공제는 과세표준에 따라 세율을 곱해 계산한 세금에서 금액을 바로 빼주는 것을 뜻한다. 소득공제보다 훨씬 직접적으로 세금 감면 혜택을 주는 것이다. 세액공제를 받을 수 있는 대표적인 항목들을 알아보자.

• 근로소득 세액공제

따로 신청할 필요 없이 자동으로 계산, 적용되는 세액공제 항목이다. 총급액에 따라 한도가 정해져 있는데 소득이 적을수록 한도가 높다.

• 자녀세액공제

만 7세 이상의 자녀수에 따라 세액공제 받을 수 있다. 자녀가 1명일 때는 연 15만 원, 2명일 때는 연 30만 원, 3명 이상일 때는 연 30만 원에 2인 초과 자녀 1인당 30만 원을 더해 세액공제를 받을 수 있다. 부부가 맞벌이일 경우 한 사람만 자녀세액공제를 받을 수 있다. 만약 아이가 4명이라면 매년 90만 원의 세금을 공제받는 것이다.

출산이나 입양했을 때도 추가로 세액공제 받을 수 있다. 첫째는 30만 원, 둘째는 50만 원, 셋째 이상은 70만 원의 세액공제 혜택이 있다. 단, 자녀장려금을 받았다면 연말정산 시 자녀세액공제를 받을 수 없다.

• 연금계좌 세액공제

연금저축, 연금보험, 퇴직연금 부담금 등을 5년 이상 납입했다면 총급여액에 따라 12~15%를 세액공제 받을 수 있다.

• 보장성보험료 세액공제

근로소득자가 보장성보험료를 낸 경우 100만 원 한도에서 납입 금액의 12%를 세액공제 받을 수 있다. 장애인 전용 보장성보험료의 경우 15%의 세액공제를 받는다.

• 월세 세액공제

연간 총급여 7천만 원 이하의 근로자, 무주택 세대주인 사람이 시가 3억 원 이하의 주택에서 월세를 내며 살고 있다면 1년에 750만 원의 세액공제를 받을 수 있다. 임대인에게 지급하는 월세의 10%를 세액공제 받을 수 있고, 만약 연간 총급여가 5,500만 원 이하라면 12%를 공제받을 수 있다. 하지만 이때 월세를 내며 거주하는 집으로 전입신고가 안 되어 있다면 공제받을 수 없다. 공제에 필요한 서류는 홈택스에서 확인할 수 있으며 이전에 청구하지 못했다면 5년 이내에 낸 월세에 대해서는 세금을 돌려받을 수도 있으니 꼼꼼히 확인해보는 것이 좋다.

• 의료비

본인과 기본공제대상자(159쪽 소득공제 중 인적공제 내용 참고)가 지출한 의료비가 총급여액의 3%를 초과했을 때, 초과금액 중 700만 원 한도 내에서 세액공제를 해준다. 만약 총급여액이 5,000만 원인데, 1년간 쓴 의료비가 무려 1,000만 원이라고 가정해보자. 이때 150만 원을 초과하는 금액인 850만 원을 공제받아야 하지만 최고 한도가 700만 원까지이므로 700만 원만 세액공제를 받을 수 있다. 하지만 본인의 치료비, 65세 이상인 자, 장애인을 위해 지출한 치료비, 난임 부부 시술비는 한도 없이 의료비 전액을 세액공제 해준다.

• 교육비

본인이나 기본공제대상자(배우자, 직계비속(자녀, 손자), 형제자매, 입양자 및 위탁 아동)가 교육 관련 비용을 사용했다면 세액공제를 받을 수 있다.

본인은 대학원 교육비 등을 포함한 전액을 공제받을 수 있고, 그 외 기본공제대상자는 고등학생까지는 1명당 연 300만 원, 대학생은 1명당 연 900만 원까지 세액공제를 받을 수 있다. 수업료, 방과후학교 수강료, 급식비, 교복구입비, 현장체험학습비 등이 포함된다. 대학원생은 공제대상이 아니다.

• 기부금

기부금은 15%의 세액을 공제받지만, 기부금이 1천만 원 이상이라면 30%를 공제받을 수 있다.

• 안경구입비

시력 보정을 위한 안경과 콘택트렌즈구입비도 세액공제대상이다. 연간 최대 50만 원까지 공제받을 수 있다.

## 연말정산 하는 방법

연말정산이 무엇인지, 공제받을 수 있는 항목에는 어떤 것들이 있는지 알아보았다. 글로 읽어도 복잡한 계산을 직접 해야 할까?

그동안은 매년 1월 중순에 국세청 홈택스 홈페이지 '연말정산 간소화서비스'에서 자신의 연말정산 자료를 PDF로 내려받아 직접 회사에 제출해야 했다. 하지만 2022년부터는 국세청 자료가 바로 회사로 발송되므로 이런 번거로움은 사라졌다. 하지만 연말정산간소화서비스에서 제공하지 않는 영수증이나 빠진 자료(교복구입비, 취학 전 아동 학원비, 기부금, 월세 등)는 직접 신고서를 작성하여 회사에 제출해야 한다.

회사(또는 세무사)에서는 제출한 자료를 검토하여, 1년간 내가 낸 세금(기납부세액)보다 확정 세액이 많으면 다음 급여일에 합산하여 돌려주고, 기납부세액보다 확정 세액이 적으면 덜 낸 만큼 다음 급여에서 원천징수한다.

---

### ★ 연말정산으로 세금을 더 많이 돌려받는 팁은 없을까요?

연말정산 준비를 어떻게 하느냐에 따라 결정되는 세액이 달라질 수 있어요. 따라서 세금을 더 많이 돌려받는 방법을 알아두면 합법적으로 절세할 수 있습니다. 연말정산에서 공제를 더 많이 받는 방법을 알아볼까요?

- **총급여액 대비 소비한 금액이 25%가 넘었다면 신용카드보다는 체크카드나 현금 사용하기**

신용카드 공제율은 15%, 체크카드와 현금영수증 공제율은 30%예요. 당연히 체크카드를 쓰는 게 유리하겠죠. 하지만 여기서 고려해야 할 점이 있습니다. 바로 신용카드에 있는 '카드 혜택'이에요. 포인트 적립, 캐시백 등 신용카드 혜택이 환급받는 세금보다 많다면 신용카드를 쓰는 게 오히려 이득이겠죠. 신용카드를 사용했을 때 받게 될 혜택과 체크카드를 사용했을 때 받게 될 세금환급액을 꼼꼼히 따져보고 결정하는 게 좋겠네요.

• 소득이 높은 사람에게 부양가족 몰아주기

맞벌이 부부나 자녀, 형제자매가 모두 일하는 경우 부모님의 인적공제를 누가 받을지 결정해야 합니다(인적공제는 한 사람에게만 가능). 이때는 연봉이 높은 사람이 공제받는 게 세금을 절약할 방법이에요. 소득세 세율표에서 보았듯이 소득이 높을수록 더 많은 세금을 내는 구조이기 때문이죠.

• 맞벌이 부부라면 한쪽 카드만 사용하기

맞벌이 부부나 한사람 명의의 카드만 사용하여 지출금액의 25%를 넘기는 것이 좋습니다. 이때도 연봉이 더 많은 사람의 카드를 쓰는 게 유리해요. 총급여액이 많은 만큼 25%의 기준 금액도 높아지겠지만, 인적공제와 마찬가지로 소득공제를 받았을 때 더 많은 세금을 아낄 수 있어요.

• 의료비는 소득이 적은 사람에게 몰아주기

의료비 세액공제는 총급여액의 3% 초과분부터 공제받을 수 있어요. 총급여액이 5,000만 원인 사람은 150만 원이상이어야 하는 반면 총급여액이 3,000만 원이라면 90만 원 이상이면 됩니다.

# 나의 모든 소득을 정리해 세금을 계산한다

근로소득자는 급여를 받을 때 세금을 원천징수하고 연말정산 기간에 정확한 세액을 계산한다. 하지만 모든 사람이 근로소득을 받는 것은 아니다. 개인 사업으로 소득을 얻는 자영업자나, 수입이 들쭉날쭉한 프리랜서 등은 매달 정해진 월급을 받는 게 아니므로 1년에 한 번 1년 치 세금을 한 번에 계산해서 내야 한다. 이때 이자소득, 사업소득, 근로소득, 연금소득, 기타소득 등이 모두 포함되므로 종합소득세라고 한다. 또한, 월급을 받는 근로소득자라도 월급 이외의 소득이 생겼다면 종합소득세 신고 대상자이다.

### ★ 종합소득세는 언제 내는 건가요?

종합소득세는 1년에 한 번, 매년 5월 1일부터 5월 31일까지 한 달간 신고·납부할 수 있어요.

### ★ 종합소득세는 어떻게 신고하고 납부하나요?

종합소득세는 홈택스 홈페이지 또는 모바일 홈택스에서 전자신고, 세무대리인(세무사 등)을 통한 신고, 서면 신고할 수 있어요. 개인이 챙겨야 할 서류가 많거나 신고 방법을 잘 모른다면 일정 비용을 내고 세무사의 도움을 받는 것도 좋습니다. 제대로 신고하지 않으면 가산세를 낼 수도 있으니까요.

### ★ 종합소득세 신고 기간에 신고하지 않으면 어떻게 되죠?

신고할 내용이 있음에도 제대로 신고하지 않거나, 세금을 제때 내지 않으면 무신고 가산세나 납부지연 가산세를 냅니다. 또 각종 세액공제 혜택도 받을 수 없게 돼요.

### ★ 사업으로 1억 원의 매출을 올렸습니다. 그런데 물건 원가가 7,000만 원이라 순수 소득은 3,000만 원인데, 이럴 땐 1억 원에 대한 세금을 내야 하나요?

사업소득의 경우 총수입에서 '필요경비'를 차감한 금액을 과세표준으로 합니다. 여기서 필요경비란 매출을 일으키기 위해 지출한 비용을 말해요. 판매한 상품의 매입가격, 종업원 급여, 제품 보관료, 포장비, 운반비 등이 필요경비에 포함됩니다. 따라서 1억 원 중 물건의 원가가 7,000만 원이므로 이를 제외한 3,000만 원에만 세금을 부과하겠죠. 필요경비가 많을수록 내야 할 세금이 줄어드는 셈이니 필요경비 서류를 잘 챙겨두는 게 좋겠네요.

### ★ 프리랜서인데 일한 대가로 돈을 받을 때마다 3.3%의 세금을 떼고 받았어요. 그럼 종합소득세 신고를 할 필요가 없나요?

이미 세금을 원천징수했더라도 종합소득세 신고는 해야 합니다. 보통 소득이 높을수록 더 많은 세금을 내요. 그런데 프리랜서에게 돈을 주는 입장에서는 그 사람의 총소득을 확인할 방법이 없으니 3.3%만 원천징수하여 지급하는 거죠. 이후 종합소득세 신고 기간에 정확한 세금을 계산해야 합니다. 물론 이때는 이미 원천징수 된 금액은 내지 않아도 되죠.

### ★ 기타소득의 세율이 보통 20%던데, 저작권료로 100만 원을 받는다면 20만 원을 세금으로 내는 건가요?

기타소득도 사업소득처럼 필요경비를 제외하고 세금을 부과합니다. 기타소득은 법으로 필요경비의 비율을 정해두었어요. 저작권료(인세), 강연료 등은 60%, 공익법인이 주무관청의 승인을 얻어 시상하는 대회에서 받은 상금은 80% 등입니다. 다만, 복권당첨금은 필요경비 인정비율이 0%라서 당첨금 전액에 세금을 부과해요.

만약 저작권료(인세)로 100만 원을 받았다면 60%인 60만 원은 필요경비로 제외하고, 40만 원의 20%인 8만 원을 세금으로 원천징수하겠네요.

그리고 기타소득의 연간합계가 300만 원 이하라면 분리과세와 종합과세 둘 중 하나를 선택할 수 있어요. 분리과세를 선택한다면 앞서 계산한 방법대로 기타소득만 따로 떼어 세금을 부과합니다. 만약 종합과세를 선택한다면 근로소득, 사업소득, 이자소득 등 모든 소득에 기타소득을 합산해서 세금을 부과하죠. 기타소득의 세율이 20%이니 내 종합소득세 과세표준 구간이 세율 20%보다 낮으면 종합과세를, 20%보다 높으면 분리과세를 선택하는 것이 세금을 덜 내는 방법이겠죠.

# 알아두면 쓸모 있는 세금 이야기

지금까지 세금과 관련된 내용을 간단히 살펴보았다. 이제부터는 우리 생활 속에서 흔히 접하는 세금과 여러 나라의 흥미로운 세금 제도에 대해 알아보자.

## 우리 생활 속 세금 이야기

• 세금을 부과하지 않는 상점 '면세점'

면세점은 이름에서도 알 수 있듯이 '세금을 면세해주는 상점'이다. 면세점은 크게 공항면세점, 인터넷면세점, 시내면세점, 기내면세점으로 나눌 수 있다. 면세점에서 상품을 구매하면 부가가치세, 소비세, 주세, 교육세, 특별소비세 등의 세금을 면제해준다. 따라서 똑같은 상품을 시중보다 저렴하게 구매할 수 있다.

출국장면세점은 공항이나 항만 출국장에 있는 면세점이다. 직접 물건을 보고 바로 구매할 수 있다는 장점이 있지만, 비행기 시간을 앞두고 쇼핑해야 하므로 시간에 쫓겨 제대로 된 쇼핑을

즐기지 못할 수도 있다.

인터넷면세점은 인터넷에서 면세점 상품을 구매하는 방법이다. 인터넷면세점에서 미리 상품을 주문하고, 출국 전 공항면세점에서 상품을 받는다. 인터넷을 통해 여유롭게 쇼핑할 수 있지만, 상품 실물을 볼 수 없다는 단점이 있다. 또한, 술과 담배는 인터넷면세점에 구매할 수 없다.

시내면세점은 도심에 있는 면세점이다. 여유롭게 실물을 보며 쇼핑할 수 있지만, 구매한 물건을 바로 가져갈 수는 없다. 시내면세점에서 구매한 물건은 출국할 때, 출국장면세점에서 본인 확인을 거친 후 받을 수 있다.

기내면세점은 항공기나 선박 안에 있는 면세점이다. 선박의 경우 면세점이 상점처럼 자리 잡고 있지만, 공간이 넉넉하지 않은 항공기의 경우 좌석에 비치된 카탈로그를 보고 상품을 주문할 수 있다.

---

### ★ 면세점은 누구나 이용할 수 있나요?

출국 예정인 사람만 면세점을 이용할 수 있어요. 출국장면세점이나 기내면세점은 당연히 출국 심사를 받아야만 들어갈 수 있습니다. 인터넷면세점이나 시내면세점도 여권과 항공권을 제시해야 물건을 살 수 있어요. 그렇게 구매한 물건은 출국장면세점에서 본인확인 후에 받을 수 있답니다.

### ★ 면세상품은 얼마까지 구매할 수 있나요?

면세점 구매 한도는 5,000달러(한화 약 585만 원)예요. 5,000달러까지 세금을 면제해 주겠다는 거죠. 하지만 이건 우리나라에서 다른 나라로 출국할 때만 해당돼요. 만약 해외에서 우리나라로 면세 상품을 가져오려면 그때는 600달러(한화 약 70만 원)까지만 세금을 면제해줘요.

이게 무슨 말이냐면, 출국할 때 면세점에서 5,000달러짜리 시계를 샀다고 가정해볼게요. 해외여행을 마치고 한국에 돌아와서 쓸 생각으로 포장도 안 뜯고 여행 내내 애지중지 시계를 모셔뒀어요. 그렇게 여행을 마치고 한국으로 돌아왔는데, 시계 가격이 600달러를 넘으니 차액 4,400달러에 대한 세금을 내래요. 똑같은 시계인데 나갈 땐 세금을 면제해줬다가 입국할 때 다시 세금을 부과하다니! 좀 이상하죠?

그 이유는 '면세'에 있어요. 면세를 해주는 이유가 우리나라에서 구매한 물건을 해외에서 사용하겠다는 것을 전제로 하거든요. 즉, 위의 사례에서 4,400달러에 대한 세금을 내지 않으려면 시계를 바로 뜯어서 손목에 차면 돼요.

### ★ 해외여행 중 구매한 물건도 면세인가요?

외국에서 사 오는 물건에는 관세가 붙어요. 해외여행 중 구매한 물건도 포함이죠. 하지만 600달러까지는 세금을 부과하지 않습니다. 600달러가 넘는 물건일 때는 20%의 간이세율로 세금이 붙어요. 예를 들어, 700달러짜리 물건을 샀다면 초과분 100달러의 20%를 세금으로 내야 하는 거죠. 하지만 입국할 때 자진신고를 하면 약 14%의 세금만 내면 됩니다.

### ★ 해외여행 중 술을 구매했어요. 우리나라에 돌아올 때 이 술에 대해 세금을 내야 하나요?

우리나라로 돌아올 때 600달러까지만 세금을 면제해준다고 했어요. 하지만 주류, 담배, 향수는 600달러와 별개로 세금면제를 해줍니다. 주류는 1병(1ℓ 이하, 미화 400달러 이하), 담배는 200개비, 향수는 60㎖까지 면세 대상입니다.

★ 국내 여행을 할 때는 면세점을 이용할 수 없나요?

제주공항이나 제주항에 있는 면세점은 국내 여행객이 이용할 수 있어요. 단, 1인 구매 한도 600달러를 초과할 수 없고 1년에 6회만 이용할 수 있어요.

• 그냥 보세요

인터넷 커뮤니티에 '옷' 사진이 올라왔다. 사진을 구경하던 누군가가 옷이 마음에 들었는지 '이 옷 어디 건가요?'라고 질문했다. 그러자 옷 사진을 올린 사람이 답글을 달았다. '그냥 보세요.'

질문한 사람은 잔뜩 빈정상해서 톡 쏘아붙였다. '아니! 좀 물어볼 수도 있지. 말 참 서운하게 하시네!' 그러자 옷 사진을 올린 사람이 다시 답했다. '브랜드 없는 보세상품이라고 한 건데요?'

'보세요'라는 말을 달리 해석해서 생긴 헤프닝이다. 일상에서 흔히 '보세'라는 말을 쓰는데, 주로 지하상가 등에서 브랜드 없는 옷을 파는 가게를 보세 옷 가게라고 한다. 그런데 이 보세의류가 사실은 불법이라는 사실을 아는 사람은 별로 없을 것이다.

보세는 '보류관세'를 줄인 말이다. 보류관세란 수출이나 수입 과정에서 부과되는 관세를 유보하는 것이다. 1970년대 우리나라에서는 의류 수출을 장려하기 위해 외국에서 고급 원단을 수입할 때 내야 하는 관세를 보류해주었다. 대신 수입한 원단으로 의류를 만들어서 수출할 때 보류한 세금을 내게 했다. 그런데 이 과정에서 일부 업자들이 관세가 붙지 않은 원단으로 만든 의류를 빼돌려 동대문 시장, 이태원 등의 상점에서 판매했다. 세금이 붙지 않았기 때문에 같은 품질의 제품보다 싸게 팔 수 있었고, 이때 사람들 머릿속에 '브랜드는 없지만, 가성비가 좋은 보세'라는 인식이 자리 잡았다. 하지만 수출할 때 세금을 내기로 한 옷을 빼돌린 것이니 엄연한 불법행위였다.

물론, 지금 우리가 일상에서 이야기하는 보세 상품은 보류관세를 뜻하지 않는다. 브랜드 없는 저렴한 제품을 통용하는 말로 쓰이고 있으니, 탈세나 불법으로 생각하지 말고 구매해도 된다. 물론 현금 결제를 유도하고 현금영수증을 발급해주지 않는다면 탈세이므로 국세청에 신고하도록 하자.

• 복권 당첨되면 세금은 얼마나 낼까?

어느 날 꿈에 돼지가 나오거나 꿈속에서 똥물을 뒤집어쓴다면 무슨 생각을 하게 될까? 대부분 사람이 '복권'을 먼저 떠올릴 것이다. 복권에 당첨되는 달콤한 상상을 누구나 한 번쯤 해봤을 것이다. 복권을 사지도 않으면서 '1등 당첨되면 어디에 쓰지?'라는 상상에 빠지기도 한다.

아쉽게도 복권 1등에 당첨되더라도 당첨금을 전부 가져가지는 못한다. 복권 당첨은 기타소득에 해당하므로, 원천징수 후 나머지 금액을 받을 수 있다. 복권은 분리과세 대상인데, 분리과세란 종합소득에 포함하지 않고 별도로 계산해서 세금을 부과하는 것을 말한다. 즉 다른 소득과 상관없이 복권 당첨 금액에 대해서만 세금을 내면 된다. 따라서 원천징수 금액이 곧 확정된 세액이다. 이미 내야 할 세금을 정확히 냈으므로 연말정산이나 종합소득세 기간에 따로 신고할 필요가 없다.

복권이나 승마투표권, 슬롯머신 당첨금 등은 22%(기타소득세 20% + 지방소득세 2%)의 세금을 내야 한다. 그런데 당첨금이 3억 원을 초과할 때에는 33%(30% + 3%)의 세금이 붙는다. 만약 10억짜리 복권에 당첨된다면 실제로 내가 받는 돈은 세금 3억 3천만 원을 제외한 6억 7천만 원이다.

---

★ 연금복권에 당첨되면 세금은 얼마를 내야 하나요?

연금복권은 매월 700만 원씩 20년간 당첨금을 지급하는 복권이에요. 이 경우 총 당첨금이 16억 8천만 원에 달하네요. 3억 원이 넘어서 33%의 세금을 내야 할 것 같지만, 연금복권은 22%의 세율을 적용합니다. 따라서 700만 원의 22%인 154만 원을 세금으로 떼고, 매월 546만 원을 20년 동안 받게 돼요.

★ 로또 5등도 세금을 내야 하나요?

기타소득 금액이 건별로 5만 원 이하일 때는 소득세를 부과하지 않아요. 로또 5등(5천 원)이나 4등(5만 원)까지는 세금을 안 내도 돼요. 승마투표권은 10만 원까지, 슬롯머신은 500만 원까지 세금을 내지 않아요.

## 나라별 재미있는 세금 이야기

세금 부과는 나라의 살림을 위한 목적이 첫 번째지만 국민의 특정 행동을 유도하기 위해 활용되기도 한다. 예를 들어 환경을 파괴하는 행동을 하면 세금을 부과해서 환경을 지키는 형식이다. 나라마다 흥미롭고 독특한 조세 제도가 많은데, 한번 살펴보도록 하자.

• 세금 내는 나무가 있다?

대한민국 경상북도 예천군에는 '석송령'이라는 600년 된 소나무가 있다. 이 석송령은 세금 내는 나무로도 유명한데, 실제로 매년 10만 원 정도의 종합토지세를 내고 있다. 석송령이 세금을 내게 된 사연을 알아보려면 과거로 거슬러 올라가야 한다.

1920년 말, 이 마을에 살던 이수목이라는 사람은 죽기 전에 자신이 가진 6,600㎡의 땅을 모두 석송령에 물려주었다. 등기 이전까지 마쳐 문서상에도 땅의 주인이 석송령으로 되어 있다. 아무리 처자식이 없었다 한들, 어떻게 나무가 땅의 주인이 될 수 있는지 의아하겠지만 일제강점기 시절이라 가능했다고 한다(그 시절에는 사람만 땅을 소유할 수 있다는 법이 없어서 나무도 땅 주인이 될 수 있었다). 석송령은 전 세계에서 유일하게 재산세를 내는 나무로 기네스북에도 올라있다.

• 자녀가 없으면 세금을 내라

저출산은 현재 대한민국의 심각한 문제 중 하나다. 그런데 우리와 비슷한 문제를 겪었던 소련에서는 이를 해결하기 위해 세금을 활용했다. 자녀를 낳지 않으면 '무자녀세'라는 세금을 부과한 것이다.

2차 세계대전 중이던 1941년, 소련은 저출산 문제를 해결하기 위해 25세~50세 기혼 남성과 20세~45세 기혼 여성을 대상으로 자녀가 없으면 6%의 세금을 부과했다. 전쟁 영웅이나 전쟁 중 사망한 자녀가 있거나, 임신 능력이 없을(불임) 때는 세금을 면제해주었다. 이 무자녀세는 소련이 붕괴하며 폐지되었다.

• 창문이 많으니 세금을 더 내세요

대부분 나라에서는 소득이나 재산이 많을수록 더 많은 세금을 부과한다. 즉, 부자일수록 내야 할 세금이 많아지는 것이다. 지금이야 소득이나 재산을 확인할 방법이 많지만 17세기 영국은 그렇지 못했다. 그래서 생각해낸 방법이 보유한 벽난로 개수에 따라 세금을 부과하는 것이었다. 하지만 집 안에 있는 벽난로는 개수를 파악하기가 어려웠다. 그래서 집 밖에서 볼 수 있는 창문의 개수로 세금을 부과했다. 창문이 7개가 넘으면 세금을 부과했고, 창문 개수가 많을수록 세율도 높아졌다. 그 당시 유리는 귀한 재료였고 집이 클수록 창문이 많았기에 어떻게 보면 괜찮은 아이디어였다. 하지만 사람들은 세금을 덜 내려고 창문을 가리거나 아예 막아버리는 경우도 많았다. 세금은 세금대로 걷히지 않고 국민은 햇빛이 들어오지 않는 집에서 지내야 하는 부작용이 생긴 것이다. 이 제도는 1851년 주택세 제도가 도입되기 전까지 150년가량 지속하였다.

• 숨 쉬면 세금을 내라

18세기 프랑스, 루이 15세는 어떻게 하면 세금을 더 걷을 수 있는지 방법을 생각해내라고 재무상인 에티엔 실루에트에게 명령을 내린다. 왕의 명령을 받은 에티엔 실루에트는 모든 사람이 숨을 쉰다는 사실을 떠올리고, 공기에 세금을 부과하자고 제안한다. 이렇게 '공기세'가 도입되는 듯했으나 일반 백성뿐 아니라 귀족, 왕족 모두 반발하여 공기세는 폐지된다.

21세기에도 이와 비슷한 '호흡세'가 존재한다. 베네수엘라에서는 2014년부터 시몬 볼리바르 국제공항을 통해 출국하는 승객들에게 공조 설비 이용료(약 20달러)라는 이름의 호흡세를 부과하고 있다.

• 잘생기면 세금을 내라?

일본에서는 한 경제평론가가 '미남세'를 제안한 적이 있다. 2012년 저출산 문제를 해결하기 위해 제안된 미남세는 1등급 미남의 경우 소득세를 2배 인상하고, 못생긴 남성은 등급에 따라 10~20%의 세금 감면 혜택을 주자는 것이었다. 이때 미남의 기준은 무작위로 선정한 5명의 여성 배심원단이 다수결로 판정하는 방법을 사용하자고 제안했다. 미남세를 받아 못생긴 사람에게 돈을 주면 결혼할 확률이 높아질 것이라는 생각이었다. 세금 감면을 받으면 좋아해야 하는 건지 슬퍼해야 하는 건지 모르겠지만, 실제로는 도입되지 않았다.

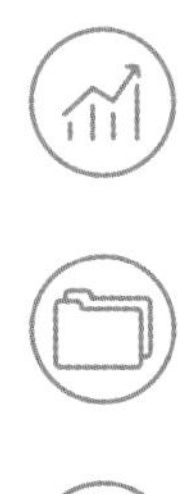

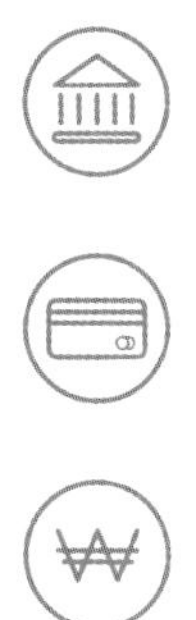

Chapter 06

# 빚을 내며 살아간다

# 피하고 싶지만 피할 수 없는 대출

빚은 남에게 갚아야 할 돈을 의미한다. 마음의 빚이든 돈을 빌려 쓰는 빚이든 되도록 '빚 없이' 사는 게 좋다. 그럼에도 금융생활을 하다 보면 빚을 지지 않고 살아가는 게 생각처럼 쉽지 않다. 또한, 무조건 빚을 지지 않는다고 좋은 것도 아니다. 신용점수를 올리려면 빚을 져야 하고, 빚이 있어야 오히려 이익이 될 때도 있다.

한국은행이 발표한 2021년 1분기 가계부채는 1,765조 원에 이른다. 가계부채는 가구가 가진 빚을 의미한다. 쉽게 말해 우리나라 국민이 가진 빚이 1,765조 원이라는 것이다. 우리나라 인구수를 5,000만 명으로 생각했을 때, 1인당 3,500만 원 정도의 빚을 안고 사는 것이다. 참고로 2021년 우리나라 1년 치 예산은 558조 원 정도이다. 이 말은 우리나라 국민이 1년 치 예산의 3배가 넘는 빚을 지고 있다는 것이다.

## 금융권에 대한 이해

대출은 돈이나 물건 따위를 빌려주거나 빌리는 것을 말한다. 도서관에서 책을 빌리는 것도 대출이라고 이야기한다. 하지만 여기서는 돈을 빌려주는 대출, 다른 말로 융자라고 부르는 것에 대해 이야기해보자.

'대출' 하면 바로 떠오르는 곳이 '은행'일 것이다. 대부분 사람이 대출이 필요하면 은행을 찾아가고, 은행에서만 대출받을 수 있다고 생각하지만 사실 은행 말고도 대출받을 수 있는 곳은 많다.

제1금융권, 제2금융권, 제3금융권 같은 말을 한 번쯤 들어봤을 것이다. 이들 용어는 시중 은행이나 새마을금고, 저축은행, 카드사 등 금융권을 구분하는 말로 흔히 사용하지만, 정식 명칭은 아니다. 대출에 대해 알아보기 전에 우선 이 1, 2, 3금융권이 어떻게 구분되는지 먼저 살펴보자.

• 우리가 아는 은행, 1금융권

우리나라에 있는 금융기관 중 예금은행을 1금융권이라고 부른다. 1금융권을 더 자세히 나누면 일반은행, 특수은행, 인터넷전문은행 등으로 구분할 수 있다. '은행'하면 떠오르는 곳, 사람들이 보편적으로 '은행'이라고 부르는 곳들이 1금융권이라고 생각하면 된다. 우리나라의 1금융권에 해당하는 은행은 다음과 같다.

NH농협은행, 신한은행, 우리은행, StandardChartered(SC제일은행), 하나은행, IBK기업은행, KB국민은행, KEB외환은행, Citiback, 수협중앙회, 대구은행, BNK부산은행, BNK경남은행, KDB산업은행, DGB대구은행, JB광주은행, JB전북은행, 제주은행, 카카오뱅크, 케이뱅크

1금융권은 은행법을 적용받는다. 따라서 안정성이 높고 예금금리와 대출금리가 낮은 편이다. 대출금리가 낮은 만큼 대출받을 때는 까다로운 조건을 충족해야 한다.

---

★ 카카오뱅크나 케이뱅크처럼 인터넷으로만 이용할 수 있는 곳도 제1금융권인가요?

네. 은행 업무를 인터넷상에서 제공하는 제1금융권입니다. 다른 말로 인터넷은행이라고도 부르죠. 인터넷은행도 은행법을 적용받습니다. 인터넷은행은 지점을 두지 않기 때문에 비용을 아낄 수 있고, 고객에게 좀 더 좋은 서비스를 제공할 수 있다는 장점이 있어요.

- 은행을 제외한 금융기관, 제2금융권

은행을 제외한 금융기관을 제2금융권이라고 한다. 제2금융권은 은행법을 적용받지 않고, 중앙은행의 규제에서도 자유롭다. 제1금융권과 유사한 기능을 하므로 '비은행금융기관'이라고도 한다. 증권사, 종합금융회사, 카드사, 보험회사, 캐피탈사, 저축은행, 새마을금고, 우체국 등이 제2금융권에 해당한다. 일반적으로 제2금융권은 제1금융권에 비해 불안정하다는 인식이 있다. 안정성은 낮지만, 예금금리와 대출금리가 높은 편이다. 비싼 이자를 받고 돈을 빌려주는 대신 저축한 돈에 대해서도 많은 이자를 준다고 생각하면 된다. 그리고 1금융권보다 대출 조건이 덜 까다롭다.

★ 우체국도 제2금융권인가요?

맞습니다. 우체국은 정부에서 우편물을 발송하기 위해 만든 곳입니다. 그런데 지금은 금융관련 업무도 하고 있죠. 우체국은 정부에서 관리하므로 1금융권만큼이나 안정성이 보장된 곳이라고 생각하면 됩니다.

★ 제2금융권에 돈을 맡기는 게 불안해요

2011년 저축은행 영업정지 사태로 인해 저축은행에 돈을 맡기는 걸 불안해하는 사람이 많아졌어요. 하지만 제2금융권에 해당하는 저축은행도 예금자보호법을 적용받는 상품이라면 5,000만 원까지 보호받을 수 있습니다. 5,000만 원 이하의 예금을 넣어둘 거라면 이자가 좀 더 높은 제2금융권을 이용하는 게 낫겠죠.

• 대부업체, 제3금융권

제3금융권은 흔히 대부업체 혹은 사채라고 불리는 곳이다. 사금융권이라고도 하는데, 여기서 사는 숫자 4가 아니라, 사사 '사(私)'자를 써서 개인이 사사롭게 돈을 빌린 것을 의미한다. 제3금융권에서는 예금이 없어도 대출 서비스를 제공한다. 제1, 제2금융권과 비교하면 대출 문턱이 낮은 편인데, 그 대신 매우 높은 이자를 내야 한다. 쉽게 대출해주는 만큼 많은 이자를 받는 것이다. 텔레비전에서 대출 광고를 본 적이 있다면, 대부분 대부업체의 광고였을 것이다. 러시앤캐시, 리드코프, 산와머니, 미즈사랑 등이 대부업체에 해당한다.

★ 대부업체는 불법 아닌가요?

2002년에 대부업과 관련된 법이 제정되었어요. 따라서 법정금리 등의 기준을 지키며 운영한다면 대부업 자체는 불법이 아니에요.

★ 제3금융권이 대출이자를 가장 많이 받는다면 당연히 제1금융권에서 대출을 받아야 하는 것 아닌가요?

맞아요. 가능하다면 제1금융권에서 작은 이자를 주고 돈을 빌리는 게 좋습니다. 하지만 제1금융권은 대출이자가 낮은 대신 대출 조건이 까다로워요. 그래서 1금융권에서 대출받을 수 없는 사람들이 2금융권을 찾게 되죠. 2금융권에서조차 대출받을 수 없다면 대부업체까지 가는 겁니다.

## 대출은 왜 받을까?

• 돈이 없어서

대출받는 가장 근본적인 이유는 돈이 없어서이다. 당장 아파트 잔금 1억을 줘야 하는데 수중에 5천만 원밖에 없다면? 가족 중 누군가가 급히 수술받아야 하는데 돈이 부족하다면? 전자의 경우 이미 낸 계약금을 날릴 수 있으므로, 후자의 경우 사랑하는 가족의 건강을 위해 금융권 대출을 선택할 수밖에 없다. 대학생들은 등록금을 내려고 대출받기도 한다. 또는 당장 하루를 살아갈 생계비용이 필요한 사람도 있다. 이처럼 삶을 이어나가기 위해서는 돈이 필요하고 내가 가진 돈이 부족하다면 빚을 내는 방법을 선택하게 된다. 이것이 대부분 사람이 생각해 왔던 '대출'의 이미지이다. 하지만 다른 목적으로 대출을 받기도 한다.

• 수익을 얻으려고

처음부터 큰돈을 투자하는 사람은 많지 않다. 내가 가진 돈이 적어서 혹은 연습 삼아 작은 금액부터 투자를 시작한다. 만약 100만 원을 투자해 10% 수익을 올려 10만 원을 벌었다고 가정해보자. 아마 대부분 사람이 같은 생각을 할 것이다. 1,000만 원 투자했으면 얼마야? 1억 투자했으면 얼마야? 수익률이 같아도 투자한 금액이 많을수록 더 큰돈을 벌게 된다. 이때, 떠올리는 게 '빚을 내서' 투자에 사용하는 것이다. 이를 '빚투' 또는 레버리지(leverage)라고도 한다. 레버리지는 영어로 지렛대를 의미하며 빚을 내서 투자해 수익 증대를 노리는 것을 뜻한다.

1,000만 원을 가진 사람이 1,000만 원을 연이자 5%로 대출받아 총 2,000만 원을 투자했다고 생각해보자. 1년 뒤 수익률이 20%라면 2,000만 원의 20%인 400만 원에서 대출이자인 50만 원을 제외한 350만 원의 이익을 얻게 된다. 만약 자신이 가지고 있던 돈 1,000만 원만 투자했다면 200만 원의 수익이 났을 텐데, 빚을 내서 투자함으로써 150만 원의 추가 수익을 올린 것이다. 1,000만 원만 투자했다면 20% 수익으로 그쳤을 텐데, 빚을 냄으로 인해 35%의 수익이 생긴 것이다. 하지만 반대로 -20%의 수익률이라면 2,000만 원의 20%인 400만 원의 손실에 대출이자 50만 원까지 더해 450만 원의 손실이 발생한 셈이다. 만약 1,000만 원만 투자했다면 200만 원의 손실로 그쳤을 텐데, 빚을 내서 투자함으로써 250만 원의 손해가 더 난 것이다. -20% 손해가 빚을 냄으로써 -45%의 손해를 낳은 것이다. 이처럼 레버리지는 양날의 검과 같으므로 항상 두 결과를 모두 고려해야 한다.

## 은행은 뭘 믿고 돈을 빌려줄까?

길을 걷는데 난생처음 보는 사람이 돈 좀 빌려달라고 하면 나는 돈을 빌려줄까? 대부분 사람이 무시하고 가던 길을 갈 것이다. 선뜻 돈을 빌려줬다가 받지 못할 가능성이 크기 때문이다. 은행도 마찬가지다. 돈을 받지 못할 것 같으면 애초에 빌려주지도 않는다. 은행도 믿는 구석이 있어야 고객에게 돈을 빌려준다.

### • 돈을 못 갚으면 물건을 가져갈게요

담보가 있다면 은행에서 대출을 받을 수 있다. 담보란 맡아서 보증한다는 뜻으로, 돈을 빌려주는 사람에게 무언가를 맡기는 것을 말한다. 예를 들어 은행에 돈을 빌리며 내가 가진 집을 담보로 설정할 수 있다. 만약 대출금을 갚지 못하는 상황이 온다면 은행은 돈 대신 담보로 설정한 집을 소유하는 것이다.

이렇게 담보를 설정하고 대출받는 것을 담보대출이라고 한다. 부동산을 담보로 하는 부동산담보대출, 가입해둔 예금이나 적금을 담보로 하는 예·적금담보대출 등이 있다.

### • 당신의 신용을 믿고 대출해드릴게요

앞서 금융 생활의 신분증 역할을 하는 신용점수에 대해 알아보았다. 이 신용점수를 가지고 대출을 받을 수도 있는데, 이를 신용대출이라고 한다. 신용 점수가 높을수록 낮은 이자로 많은 금액을 빌려주고, 신용 점수가 낮을수록 높은 이자로 작은 금액을 빌려준다. 은행이 정해둔 기준에 못미칠 땐 신용대출 자체가 안 될 수도 있다.

- **담보도 신용점수도 필요 없는 대출**

담보가 없거나 신용점수가 낮아도 특정 기준을 충족하면 받을 수 있는 대출이 있다. 대표적으로 학자금대출을 들 수 있다. 정부에서 해주는 학자금대출의 경우 나이, 성적 등의 기준을 충족하면 담보나 신용점수에 상관없이 대출을 받을 수 있다.

---

★ 대출받을 때 보증을 선다는 건 무슨 의미인가요?

'보증'이라는 단어는 대출에 쓰이는 용어로, 인적담보를 다르게 부르는 말이에요. 인적담보라는 말에서 알 수 있듯이 대출받을 때 사람을 담보로 삼는 것입니다. 즉 담보로 삼을 물건이 없을 때 쓸 수 있는 최후의 방법인 거죠. 인적담보는 연대보증, 단순보증 등으로 나눌 수 있어요.

연대보증이란 빚을 진 사람이 빚을 갚지 않았을 때 보증을 선 사람이 무조건 돈을 갚아야 해요.

단순보증은 빚을 진 사람이 빚을 갚지 않을 때 보증 선 사람이 우선 돈을 갚고, 빚을 진 사람에게 보증을 서준 사람이 구상권을 청구하는 거죠.

아무리 친밀한 사이라 해도 보증은 절대로 서지 말아야 합니다. 한순간에 남이 빌린 돈을 모두 떠안을 수 있거든요. 그러니 만약 누군가가 나에게 보증 좀 서달라고 한다면 차라리 인연을 끊는 게 낫습니다.

## 알아두어야 할 대출 용어

대출 서류엔 어렵고 생소한 용어가 빼곡히 적혀있다. 그중엔 내가 선택해야 할 항목도 많다. 이때 관련 용어를 알지 못한다면 난감해질 수 있다. 기본적인 대출 용어를 살펴보도록 하자.

• 대출이자(연이율/월이율)

예금이자, 대출이자 등 금융 생활에서의 이자율은 보통 1년을 기준으로 하는 연이율을 사용한다. 하지만 간혹 월이율을 사용할 때도 있다. 예를 들어 100만 원을 빌렸을 때, 연이율 단리 3%라면 1년에 3만 원의 이자를 내면 된다. 하지만 똑같은 조건에서 월이율이라면 36만 원의 이자를 내게 된다. 대부분 연이자율로 이자를 계산하지만, 혹시 모르니 연이자율인지 월이자율인지 꼼꼼히 확인해야 한다.

---

★ 1,000만 원이 필요해서 은행대출을 알아봤어요. 만기일시 상환으로 1년 만기 연이율 4%라고 하네요. 그런데 지인이 1,000만 원을 빌려줄 테니 매달 5만 원씩만 주고, 3년 뒤에 1,000만 원을 돌려달라고 하네요. 지인에게 고맙다고 했어요.

연이율과 월이율에 대해 잘 알지 못하면 이런 일이 생길 수 있어요. 언뜻 보면 지인에게 돈을 빌리는 것이 더 나은 것처럼 보입니다. 1,000만 원의 4%는 40만 원이고 5만 원은 1,000만 원의 0.5%밖에 되지 않으니까요. 하지만 은행의 4%는 연이율, 지인의 0.5%는 월이율이라는 점이 달라요. 실제로 내야 할 총 이자는 은행에서 빌리면 120만 원, 지인에게 빌리면 180만 원이죠. 이자에 대해 잘 알지 못해 50만 원이나 손해보면 안 되겠죠?

• 고정금리/변동금리

은행은 공짜로 돈을 빌려주지 않는다. 돈을 빌려준 대가로 정해진 금리의 이자를 받는다. 이때 저축과 달리 고정금리와 변동금리 중 하나를 선택해야 한다. 고정금리는 말 그대로 대출을 다 갚을 때까지 고정된 금리의 이자를 내는 것을 말한다. 만약 연이율 3%의 고정금리로 대출을 받았다면 대출을 다 갚을 때까지 3% 금리로 계산해서 이자를 낸다.

반면 변동금리는 일정 기간마다 금리가 바뀌는 것을 말한다. 기준금리나 시장금리는 상황에 따라 수시로 바뀌는데, 이 바뀌는 금리를 대출금리에 적용해서 대출을 갚는 동안 바뀌는 금리에 따라 이자를 내는 방식이다.

---

★ 고정금리와 변동금리 중 어떤 게 유리한가요?

고정금리와 변동금리를 비교했을 때 변동금리가 1% 정도 낮은 상황이라고 가정해볼게요. 지금 당장만 생각한다면 변동금리가 이자를 덜 내니 유리해보여요. 하지만 만약 이후에 금리가 오른다면 고정금리를 선택한 사람보다 변동금리를 선택한 사람이 내야 할 이자가 더 많아질 수도 있어요. 그래서 앞으로 금리가 오를 거로 예상한다면 고정금리를, 금리가 내려갈 것이라고 예상될 때는 변동금리를 선택하는 것이 좋아요.

• 상환방법

상환이란 돈을 갚는다는 뜻이다. 대출을 갚는 방법은 크게 세 가지가 있는데 원리금균등상환, 원금균등상환, 만기일시상환이다.

원리금균등상환은 원금과 이자를 합친 돈을 매달 똑같은 금액으로 나누어 갚는 방법이다. 예를 들어 1억을 연이자 3%로 10년 동안(총 120회) 갚는다면 매달 내야 하는 돈은 아래와 같다.

[원리금균등상환방식]

| 회차 | 납입원금 | 대출이자 | 월상환금 |
|---|---|---|---|
| 1 | 715,607 | 250,000 | 965,607 |
| 2 | 717,396 | 248,211 | 965,607 |
| 3 | 719,190 | 246,417 | 965,607 |
| ⋮ | | | |
| 119 | 960,797 | 4,810 | 965,607 |
| 120 | 963,199 | 2,408 | 965,607 |

매달 내는 원금과 이자는 달라지지만, 원금과 이자의 합계인 월상환금은 965,607원으로 똑같다.

원금균등상환은 내가 빌린 돈을 갚아야 할 개월 수로 나누어 매달 똑같은 원금을 계산하고 거기에 이자를 더해 상환하는 방법이다. 예를 들어 1억을 연이자 3%로 10년 동안(총 120회) 갚는다면 매달 내야 하는 돈은 다음 표와 같다.

매달 갚는 원금은 같지만, 이자가 점점 줄기 때문에 월상환금도 매월 줄어든다.

[원금균등상환방식]

| 회차 | 납입원금 | 대출이자 | 월상환금 |
|---|---|---|---|
| 1 | 833,333 | 250,000 | 1,083,333 |
| 2 | 833,333 | 247,917 | 1,081,250 |
| 3 | 833,333 | 245,833 | 1,079,167 |
| ⋮ | | | |
| 119 | 833,333 | 4,167 | 837,500 |
| 120 | 833,333 | 2,083 | 835,417 |

만기일시상환은 만기가 되었을 때 원금과 이자를 한 번에 갚는 방식이다. 만약 1억을 연이율 3%로 10년 동안 만기일시상환으로 갚는다면 10년째 되는 날 1억 3천만 원을 한 번에 갚아야 한다. 또는 원금은 만기에 한 번에 갚고, 10년 동안 매달 이자만 내는 방식으로 돈을 갚을 수도 있다. 이때 매달 내야 하는 돈은 아래와 같다.

[만기일시상환방식]

| 회차 | 납입원금 | 대출이자 | 월상환금 |
|---|---|---|---|
| 1 | 0 | 250,000 | 250,000 |
| 2 | 0 | 250,000 | 250,000 |
| 3 | 0 | 250,000 | 250,000 |
| ⋮ | | | |
| 119 | 0 | 250,000 | 250,000 |
| 120 | 100,000,000 | 250,000 | 100,250,000 |

### ★ 왜 내야 하는 이자가 점점 줄어들죠?

만기일시상환방식을 제외하고는 매달 원금을 조금씩 갚게 되죠. 그러면 그다음 달에는 이전까지 낸 원금을 제외한 금액에서 이자를 계산해요. 원금이 줄어드니 매달 내는 이자도 점점 줄어야겠죠.

### ★ 세 가지 상환 방법 중에 어떤 게 가장 유리할까요?

세 가지 모두 장단점이 있어서 내 상황에 맞는 상환방법을 선택하는 것이 좋아요. 상환방법별로 10년 동안 내게 되는 이자의 합계를 알아볼까요?

[1억, 연이율 3%, 상환기간 10년 기준]

| | |
|---|---|
| 원리금균등상환 | 15,872,894원 |
| 원금균등상환 | 15,125,000원 |
| 만기일시 상환 | 30,000,000원 |

이자만 봤을 때는 원금균등상환이 가장 좋아 보이네요. 이자를 적게 내니 원금균등상환이 유리해 보이지만, 원금균등상환은 초반에 월상환액이 많아서 부담될 수 있습니다. 첫 번째 상환하는 날 갚아야 하는 금액을 보면 원리금균등상환이 965,607원, 원금균등상환은 1,083,333원으로 10만 원정도 차이가 나요. 이번에는 각 상환방법의 장단점을 알아볼게요.

| 종류 | 원리금균등상환 | 원금균등상환 | 만기일시상환 |
|---|---|---|---|
| 장점 | - 매달 갚는 금액이 같다.<br>- 고정금액이 나가므로 지출 계획을 세우기 쉽다 | - 이자를 가장 적게 낸다.<br>- 시간이 갈수록 갚아야 할 돈이 줄어든다. | - 초기에 돈을 갚는 부담이 없다. |
| 단점 | - 원금균등에 비해 이자가 많다. | - 초기에 많은 금액을 갚아야 한다.<br>- 매달 갚는 금액이 달라져서 헷갈린다. | - 이자를 가장 많이 내야 한다.<br>- 한꺼번에 갚아야 해서 부담스럽다. |

• 거치기간

거치기간이란 대출금을 갚을 때 원금은 갚지 않고 이자만 갚는 '기간'을 뜻한다. 만약 10년간 대출금을 갚기로 했는데 거치기간을 3년으로 설정해두었다면, 3년 동안은 이자만 갚고 3년이 지난 시점부터 원금과 이자를 갚는 것이다. 대출 초기에 상환부담을 줄일 수 있지만 총 이자는 조금 더 내게 된다.

• 중도상환수수료

은행에서 대출을 해주는 이유는 대출이자로 이윤을 얻기 위해서다. 그렇게 얻은 이윤 중 일부는 은행에 예금해둔 사람에게 줘야 한다. 그런데 만약 대출받은 사람이 일찍 돈을 다 갚아버리면 어떤 일이 생길까?

복잡한 내용은 제외하고 단순하게 상황을 설정해보자. A는 은행에서 1,000만 원의 정기예금에 가입하고, 1년 뒤에 3%의 이자인 30만 원을 받기로 했다. 은행은 A가 맡긴 1,000만 원을 B에게 빌려주고 1년 뒤 5%인 50만 원을 받기로 했다. 이때 은행은 1년 뒤 대출이자 50만 원에서 예금이자 30만 원을 뺀 20만 원의 이익을 얻을 것으로 생각했을 것이다. 그런데 6개월 뒤에 B가 찾아와서 1,000만 원을 다 갚아버렸다. 은행은 6개월 치 이자에 해당하는 25만 원밖에 받지 못했다. 은행에는 1,025만 원밖에 없는데 A에게 원금과 이자를 합해 1,030만 원을 줘야 한다. 은행으로서는 계획했던 수익은커녕 오히려 손해를 보게 되는 것이다.

이런 상황에 대비하기 위한 게 중도상환수수료다. 대출받은 사람이 중간상환(중간에 돈을 모두 갚는 것)했을 때 은행의 손해를 방지하려고 마련해둔 일종의 벌금제도 같은 것이다.

---

★ 중도상환 수수료가 있다면 원금은 중간에 갚지 않는 게 좋겠네요?

여러 조건을 잘 따져봐야 해요. 금전적 여유가 있다면 원금을 일찍 갚아서 이자를 줄이는 것도 좋은 방법입니다. 그런데 중도상환했을 때 내게 될 중도상환수수료가 앞으로 내게 될 이자보다 많다면 이야기는 달라지겠죠. 그리고 중도상환수수료는 무조건 내는 게 아니라 대출상품에 따라 기간이 정해져 있어요. 그 기간이 지나면 중도상환을 해도 수수료를 내지 않아요. 또한, 중도상환수수료가 아예 없는 상품도 있어요. 그러니 내가 받은 대출약관을 살펴보고 판단하는 게 좋겠죠.

# 신용카드는 과연 마법의 카드일까?

신용카드는 놀라운 마법의 카드 같다. 돈이 없어도 물건을 살 수 있어서 놀랍고, 결제일에 받아본 명세서에 적힌 금액도 놀랍다. 이걸 다 내가 썼다고? 의심스러운 마음에 꼼꼼히 살펴보면 정말 다 내가 쓴 거라서 또 놀란다. 이처럼 마법 같은 신용카드, 함부로 쓰다가 신용점수가 낮아지거나 빚에 허덕일 수도 있다. 잘 쓰면 많은 혜택을 누릴 수 있지만 잘못 쓰면 독이 되는 신용카드에 대해 알아보자.

## 신용카드, 왜 쓰는 걸까?

신용카드는 현금보다 휴대가 간편하고 편리해서 많은 사람이 사용한다. 그리고 사용 내역이 자동으로 기록되는 것도 장점이다. 그런데 이런 장점은 신용카드가 아닌 체크카드를 써도 누릴 수 있다. 그런데도 사람들이 신용카드를 더 쓰는 이유는 체크카드에는 없는 신용카드만의 혜택 때문일 것이다. 체크카드와 비교했을 때 신용카드의 장점이 몇 가지 있다.

첫째, 신용카드는 돈이 없어도 물건을 살 수 있다. 체크카드는 내 통장에 잔액이 있어야 계산을 할 수 있지만, 신용카드는 통장 잔액과 상관없이 한도 내에서 얼마든 결제할 수 있다.

둘째, 체크카드보다 혜택이 많다. 체크카드는 소득공제율이 30%로 신용카드의 15%에 비해 두 배나 높다. 이것만 보면 체크카드를 쓰고 소득공제를 받는 게 더 이득인 것처럼 보인다. 하지만 신용카드 할인이나 적립 금액 등을 따졌을 때 오히려 신용카드를 쓰는 게 이득일 수 있다.

셋째, 신용카드는 할부가 가능하다. 할부는 돈을 여러 번에 걸쳐 나누어 내는 것으로, 큰 금액이 부담스러울 때 사용한다. 반면 체크카드는 할부가 안 된다.

이와 같은 이유로 사람들은 체크카드보다 신용카드를 주로 사용한다. 체크카드와 신용카드의 장점을 적절히 활용한다면 합리적인 금융 생활에 오히려 도움이 될 수 있다. 물론 과소비나 사치를 하지 않았을 때 이야기이다.

### 알아두면 쓸모 있는 신용카드 상식

• 연회비가 무엇인가요?

연회비란 1년에 한 번 내는 돈으로, 발급받은 신용카드를 사용할 때 할인 및 적립 혜택을 누리기 위해 내는 돈이다. 카드에 따라 연회비도 달라지는데, 보통 1만 원 미만부터 10만 원 이상까지 다양하다. 연회비는 1년에 한 번 신용카드 대금 명세서에 포함되어 청구된다. 당연한 얘기지만 연회비가 높을수록 많은 혜택이 주어진다. 연회비는 내가 카드를 사용하지 않아도 매년 한 번은 내야 하는 돈이다. 따라서 사용하지 않는 카드가 있다면 꼭 해지하는 게 좋다.

• 결제일은 언제로?

결제일이란 내가 사용한 신용카드 대금을 내는 날을 말한다. 보통 이 결제일을 월급날 이후로 설정하는 사람이 많은데 그다지 좋은 방법이 아니다. 만약 월급날이 매달 25일이라면 하루 정도 여유를 두고 매달 26일을 신용카드 결제일로 설정해 둔다. 그리고 이때 내는 카드 대금은 지난달 26일부터 이번달 25일까지 사용한 금액을 내는 것처럼 보인다. 하지만 26일에 결제되는 금액은 지난달 12일부터 이번달 11일까지 사용한 금액이다(물론 카드사마다 조금씩 차이는 있다). 이렇게 되면 내가 소비내역을 정리하는 기간과 신용카드 청구액에 포함된 내역의 기간이 달라져 내가 한 달 동안 얼마나 소비했는지 확인하기가 어려워진다. 그러므로 결제일은 내가 소비내역을 정리할 수 있는 날짜로 조정하는 게 좋다. 만약 내 급여일이 매월 말일이고, 매월 1일부터 30일까지를 기준으로 소비내역을 체크한다면 카드대금 결제일은 14일~15일로 설정해두는 것이다. 카드사 홈페이지에 들어가면 결제일별 이용기간을 확인할 수 있으니 내 월급일과 일치하는 이용기간의 결제일로 변경해두는 것이 좋다.

[결제일별 이용기간 예시]

| 결제일 | 일시불/할부 이용기간 |
| --- | --- |
| 1일 | 전전월 18일 ~ 전월 17일 |
| 2일 | 전전월 19일 ~ 전월 18일 |
| 3일 | 전전월 20일 ~ 전월 19일 |
| 4일 | 전전월 21일 ~ 전월 20일 |
| 5일 | 전전월 22일 ~ 전월 21일 |
| 6일 | 전전월 23일 ~ 전월 22일 |
| 7일 | 전전월 24일 ~ 전월 23일 |
| 8일 | 전전월 25일 ~ 전월 24일 |
| 9일 | 전전월 26일 ~ 전월 25일 |
| 10일 | 전전월 27일 ~ 전월 26일 |
| 11일 | 전전월 28일 ~ 전월 27일 |
| 12일 | 전전월 29일 ~ 전월 28일 |
| 13일 | 전전월 30일 ~ 전월 29일 |
| 14일 | 전월 1일 ~ 전월 말일 |
| 15일 | 전월 2일 ~ 당월1일 |

- 신용카드의 장점이자 단점, 할부결제

신용카드의 특징 중 하나는 할부 이용이 가능하다는 것이다. 신용카드를 사용하고 일시불, 할부를 선택할 수 있는데, 일시불이란 신용카드로 결제한 금액을 카드대금 결제일에 한 번에 내는 것을 말한다. 반면 할부결제란 내야 할 돈을 나누어 내는 것으로, 120만 원짜리 물건을 2개월 할부로 샀다면 매달 60만 원씩 갚아야 하고, 6개월 할부로 샀다면 매달 20만 원씩 갚아야 한다.

### ★ 일시불보다 할부가 좋은 것 아닌가요?

지금 당장 부담이 줄어드니 잘만 쓴다면 장점이라고 볼 수 있습니다. 하지만 신용카드회사에서 할부를 그냥 해주지는 않아요. 할부에도 이자가 붙거든요. 할부 이자는 카드사, 카드 종류 등에 따라 다르지만, 연이율 10~20% 정도입니다. 할부 개월이 길수록 이자율도 더 높아지겠죠. 만약 100만 원을 12개월 할부로 결제했다면, 이자율 15%로 계산했을 때, 8만 원 정도를 이자로 내야 해요.

### ★ 무이자는 이자를 내지 않는다는 뜻인가요?

2개월 무이자, 3개월 무이자 같은 말을 들어본 적이 있을 거예요. 여기서 무이자란 할부로 결제해도 이자를 안 내는 것을 말해요. 60만 원을 3개월 무이자 할부로 결제했다면 이자 없이 매달 20만 원씩만 내면 되죠.

### ★ 그럼 무이자 할부가 있다면 무조건 할부를 하는 게 좋겠네요?

이자를 안 내므로 할부가 더 유리할 수도 있어요. 하지만 할부에 습관을 들이다 보면 지금 당장 결제할 돈이 없어도 돈을 쓰게 되는 때가 많아요. 그리고 할부를 하게 되면 내가 이번 달에 실제로 쓴 돈과 나중에 결제할 금액이 달라져서 소비 내역을 정확히 파악하기가 어려워요. 따라서 할부보다는 내가 감당할 수 있는 선에서의 일시불 결제를 추천합니다.

• 카드 혜택의 종류

앞서 말했듯 신용카드의 장점 중 하나는 체크카드보다 혜택이 많다는 것이다. 자동차에 기름을 넣을 때, 쇼핑할 때, 영화 볼 때, 외식할 때도 할인이나 적립 등의 혜택을 받을 수 있다. 카드에 따라서 혜택의 종류도 다양하므로 내 소비 성향에 맞는 신용카드를 선택해야 한다.

---

★ 신용카드만 있으면 무조건 할인 혜택 같은 걸 받을 수 있나요?

그럴 리가요. 대부분 신용카드는 '기준 실적'이라는 게 있어요. 기준 실적이란 이 카드가 주는 혜택을 받기 위해 충족해야 하는 기준이에요. 보통은 직전 1개월 동안 신용카드로 결제한 금액이 얼마 이상(카드마다 금액이 달라요)이어야 한다고 기준을 정해둬요. 물론 기준 실적이 필요 없는 카드도 있고요 내가 지난달에 기준 실적을 채웠는지 아닌지는 카드사 홈페이지나 카드사 애플리케이션을 통해 확인할 수 있어요.

★ 기준 실적이 30만 원이고 카드대금을 35만 원 냈는데, 기준 실적을 채우지 못해 할인을 받을 수 없다고 하네요?

신용카드로 결제한 내역이 모두 기준 실적에 들어가지는 않아요. 카드사나 카드 종류마다 다르겠지만 해외이용 금액, 아파트 관리비, 세금, 연회비, 할인받아 결제한 금액 등은 기준 실적 금액에 포함되지 않을 때가 많죠. 그러므로 기준 실적이 30만 원이라면 제외되는 항목을 빼고 30만 원 이상 카드를 써야 하는 거예요. 내가 채워야 하는 기준 실적이 얼마인지 등은 내 신용카드의 상품설명서를 읽어보아야 해요.

### ★ 할인해준다고 해서 물건을 샀는데 영수증을 보니 할인이 안 된 채 결제됐어요. 분명 기준실적도 충족했는데 왜 그럴까요?

기준 실적을 충족했는데도 할인이 안 되었다면 두 가지 이유를 생각해 볼 수 있어요. 첫째는 할인 방식이 '청구할인'인지 확인해 봐야 합니다. 결제할 때 즉시 할인을 해주는 즉시할인(또는 현장할인)과 달리 청구할인은 신용카드 대금 출금일에 할인된 금액이 제외되고 결제되는 방식이에요. 그래서 물건을 사고 받은 영수증에는 할인되지 않은 가격이 적혀 있는 거죠.

두 번째는 할인한도가 초과한 겁니다. 커피전문점에서 30% 할인받을 수 있는 카드를 가졌다고 해도 무제한으로 할인받을 수 있는 건 아니에요. 상품설명서를 잘 살펴보면 한 달에 받을 수 있는 최대 할인금액, 즉 할인한도가 적혀있어요. 만약 커피전문점 할인한도가 한 달에 1만 원이라면, 1만 원어치 할인을 받은 이후부터는 할인되지 않아요. 다음 달이 되어야 1만 원의 할인한도가 다시 생기는 거죠.

### • 미리 결제하는 선결제

선결제란 카드 대금 결제일 이전에 미리 카드 대금을 내는 것을 말한다. 만약 카드 대금 결제일이 14일이더라도 그 전에 카드 대금을 미리 결제할 수 있다. 선결제는 카드사 고객센터, 홈페이지, 애플리케이션을 통해 할 수 있다.

**★ 결제일이 되면 알아서 출금되는데 굳이 선결제할 필요가 있나요?**

선결제의 장점은 여러 가지예요. 먼저, 신용점수를 올리는 데 도움을 줍니다. 선결제는 빚을 미리 갚는 것이어서, 신용점수에 긍정적인 영향을 줘요. 그리고 할부나 현금서비스 등을 받았다면 선결제를 통해 이자를 절약할 수도 있죠. 빚을 지면 시간이 지날수록 이자가 불어나요. 이자가 붙을 돈을 미리 내면 그만큼의 이자는 아낄 수 있겠죠.

**★ 대출은 중도상환수수료가 있는데 신용카드 선결제는 수수료가 없나요?**

신용카드 선결제는 별도의 수수료가 없어요. 그러니 선결제할 수 있다면 카드 대금을 미리 갚는 게 좋아요.

**★ 지금까지 카드로 쓴 전액을 선결제해야 하나요?**

아니요. 카드 대금 중 일부만 선결제할 수도 있어요.

## 쓰지 말아야 할 신용카드 기능들

- 리볼빙(일부결제금액이월약정) 하지 마세요

카드 대금 결제일이 다가오는데 돈이 없다면 어떻게 해야 할까? 이때 사용할 수 있는 방법의 하나가 일부결제금액이월약정(리볼빙)이다. 리볼빙이란 쉽게 이야기해서 결제일을 미루는 것이다. 이번 달에 내야 할 카드 대금 중 일부만 내고 나머지는 다음 달 결제일로 넘기는 것이다. 리볼빙과 관련된 용어는 다음과 같은 것들이 있다.

① 약정결제비율

이번 달 카드 대금 중에서 내가 내야 할 금액의 비율이다. 약정결제비율을 제외한 나머지는 다음 달 결제일로 넘어간다. 리볼빙은 10%~100%까지 설정할 수 있다. 만약 이번 달 카드 대금이 100만 원이고 약정결제비율을 30%로 설정해 두었다면 30만 원은 이번 달에 내고 70만 원은 다음 달에 내면 된다.

② 최소결제비율

카드 대금을 연체하지 않기 위해 갚아야 하는 최소 비율이다. 10%~30% 정도로 설정할 수 있다. 만약 이번 달 카드 대금이 100만 원인데 최소결제비율을 10%로 해두었다면, 10만 원만 결제하면 연체로 기록되지 않아 신용점수에 영향을 주지 않는다.

③ 약정기간

리볼빙 서비스 사용 기간이다. 1~5년 정도로 설정할 수 있다.

④ 리볼빙 수수료(이자율)

약정결제비율만큼의 금액을 제외하고 이월된 금액에 대해 붙는 이자율이다.

매달 100만 원씩(고정적으로) 신용카드를 쓰는 사람이 리볼빙 서비스를 신청했다고 가정해보자. 약정결제비율 10%, 최소결제비율 10%, 약정기간 1년으로 리볼빙 서비스를 신청했다면 다음 표와 같이 카드 대금이 계산된다. 리볼빙 수수료(이자율)는 연 15%로 계산한다.

| 월 | 카드 대금 | 이월금액[1)] | 약정결제금액[2)] |
|---|---|---|---|
| 1 | 100만 원 | 900,000원 | 100,000원 |
| 2 | 100만 원+90만 원(이월금액)<br>+11,250원(수수료)=1,911,250원 | 1,720,125원 | 191,125원 |
| 3 | 100만 원+1,720,125원(이월금액)<br>+21,502원(수수료)=2,741,627원 | 2,467,464원 | 274,163원 |
| ⋮ | | | |
| 10 | 100만 원+5,747,331원(이월금액)<br>+71,842원(수수료)=6,819,173원 | 6,137,256원 | 681,917원 |
| 11 | 100만 원+6,137,256원(이월금액)<br>+76,716원(수수료)=7,213,972원 | 6,492,575원 | 721,397원 |
| **12** | **100만 원+6,492,575원(이월금액)<br>+81,157원(수수료)=7,573,732원** | **6,816,358원** | **757,373원** |

1) 이월금액: 카드대금의 90%
2) 약정결제금액: 카드대금의 10%(이번 달 결제 금액)

위의 표를 보면 실제 쓴 금액에 비해 지금 당장 내야 하는 카드 대금에 대한 부담은 적다. 1년 동안 내는 56만 원 정도의 수수료가 그리 많아 보이지 않을 수도 있다. 하지만 리볼빙의 진짜 위험은 당장 갚아야 하는 금액이 적으니 실제 카드 대금도 작은 것 같다는 착각을 가져온다는 것이다. 1년이 지난 12월의 카드 대금을 확인해보면 갚아야 할 금액이 7,573,732원으로 불어나 있다.

이처럼 계획적으로 소비하지 않고 눈앞의 결제 금액에 속는다면 나중에 감당 못 할 일이 생길 수도 있다. 이것이 바로 리볼빙의 위험성이다. 신용카드는 무조건 내가 감당할 수 있는 만큼만 사용해야 한다.

★ 그래도 연체를 막을 수 있으니 좋은 것 아닌가요?

카드회사에서는 리볼빙을 신용점수를 관리할 수 있는 좋은 방법으로 소개해요. 리볼빙을 '제대로'만 사용한다면 이것도 틀린 말은 아닙니다. 하지만 문제는 당장 카드 대금을 낼 능력이 없는 사람이 주로 리볼빙을 사용한다는 거예요. 돈이 없으니 카드 대금 결제를 계속 미루고, 이자는 계속 불어나는 악순환에 빠지는 거죠. 이렇게 되면 나중엔 감당 못 할 정도로 카드 대금이 늘어나게 돼요. 그래서 리볼빙은 활용하지 않는 게 가장 좋아요.

★ 현금이 충분히 있다면 리볼빙을 해도 괜찮은가요?

리볼빙에는 5~20%의 수수료가 붙어요. 신용점수 등에 따라서 이자율이 달라지는데, 신용이 좋은 사람이 리볼빙을 사용할 일은 거의 없겠죠. 따라서 대부분 리볼빙 서비스 사용자들은 10% 이상의 이자를 내고 있어요. 현금이 충분하다면 굳이 이자를 더 내는 리볼빙을 할 필요가 있을까요?

• 현금서비스(단기카드대출)

신용카드는 물건을 구매할 수 있게 해줄 뿐, 나에게 돈을 직접 주는 게 아니다. 하지만 신용카드를 가지고 근처 ATM(현금자동입출금기)에 가면 현금을 뽑을 수 있다. 현금서비스(단기카드대출) 기능 때문이다. '현금서비스'라는 이름으로 통용되니, 마치 신용카드가 제공하는 혜택이나 서비스처럼 보이지만, 이는 엄밀히 말해 제2금융권에서 대출받는 것이다. 그래서 현금서비스보다는 단기카드대출이라고 부르는 게 정확하다.

별도의 과정 없이 현금자동입출금기에서 쉽게 돈을 뽑을 수 있기 때문에 별생각 없이 사용하는 사람들이 있다. 하지만 단기카드대출을 이용한다는 건 그만큼 돈이 부족하여 급전이 필요하다는 것이고, 이런 상황은 곧 연체로 이어질 가능성이 크다. 이자도 높아서 카드사나 신용점수에 따라 20%가 넘는 이자를 내야 할 수도 있다. 그러니 단기카드대출을 쉽게 생각하고 이용하는 일은 없어야 한다.

---

★ 단기카드대출은 몇 개월에 걸쳐 갚으면 되나요?

단기카드대출은 기간을 정해두고 갚는 게 아니에요. 다음 달 카드 대금 결제일에 바로 갚아야 해요. 만약 갚지 못한다면 연체인 거죠.

★ 단기카드대출은 얼마까지 받을 수 있나요?

자신의 사용하는 신용카드 한도의 40% 정도예요. 물론 신용점수와 카드사에 따라 달라질 수 있고, 단기카드대출 한도를 본인이 직접 설정할 수도 있어요.

• 카드론(장기카드대출)

카드론에서 론(loan)은 대출을 뜻하는 영어단어이다. 우리말로는 장기카드대출이라고 하며, 이름에 나와 있듯이 이것도 대출이다. 신용카드회사 또는 신용카드회사와 제휴를 맺은 은행에서 카드 회원을 대상으로 대출해주는 상품이다. 단기카드대출과 비교했을 때 한도가 높고 대출기간을 설정할 수 있다. 단기카드

대출은 카드 대금 결제일에 즉시 갚아야 하지만, 장기카드대출은 원금균등상환, 원리금균등상환, 만기일시상환 중 하나를 선택해 갚을 수 있고, 거치기간을 설정할 수도 있다. 이자율이 상당히 높으므로 되도록 사용하지 않는 게 좋다.

---

★ 카드론과 일반 은행 대출은 어떤 차이가 있나요?

제1금융권, 즉 일반 은행으로 갈수록 대출금리가 낮습니다. 따라서 대출이 필요하면 제1금융권으로 가는 게 가장 좋아요. 하지만 금리가 낮은 대신 대출 조건이 까다로워서 1금융권에서 대출받지 못하는 사람들이 제2금융권을 찾게 되는 거예요. 제2금융권에서도 대출이 어렵다면 현금서비스나 카드론을 찾는 거고요. 금리가 매우 높은데도 현금서비스나 카드론을 받는다는 건 그만큼 자산상황이 좋지 않다는 것이고, 높은 금리 때문에 악순환에 빠질 가능성도 커져요.

## 연체는 절대 하지 마세요

신용카드를 사용할 때 첫 번째로 지켜야 할 것은 절대 연체하지 말아야 한다는 것이다. 소액이라도 연체할 경우 신용점수하락에 큰 영향을 줄 수 있다. 연체기록은 너무나 끈질겨서 내가 빚을 다 갚은 후에도 금융기관에 기록이 남는다. 그러므로 카드 결제는 자동이체를 신청해두고 카드 대금이 빠져나가는 통장에 잔고를 여유 있게 남겨두도록 하자.

### ★ 자동이체를 신청해두었는데 통장에 잔고가 없는 걸 깜빡했어요.

연체한다고 무조건 신용점수가 낮아지는 건 아니에요. 10만 원 이상을 5일 이상(영업일 기준) 연체했을 때 신용점수에 영향을 주게 되죠. 그러니 깜빡 잊고 카드 대금을 못 냈다면 최대한 빨리 미납금을 내면 돼요.

# 돈이 없어도 돈이 나오는 통장?

## 마이너스통장은 대출입니다

마이너스통장 혹은 '마통'이라는 말을 들어봤을 것이다. 마이너스통장은 말 그대로 통장 잔액 앞에 마이너스(-) 기호가 붙는 통장이다. 이름에 대출이라는 단어는 없지만, 마이너스통장의 정식 명칭은 한도대출이다.

정해진 금액을 한 번에 받는 일반 대출과 달리 한도대출은 한도를 정해놓고 그 안에서 자유롭게 돈을 빌려 쓸 수 있다. 일반 대출은 1,000만 원을 대출받고 또다시 1,000만 원을 대출받으려면 서류를 새로 제출해야 하지만 마이너스통장은 정해진 한도 안에서 추가 절차 없이 언제든 얼마든 돈을 빌릴 수 있다. 빌린 금액만큼 통장에 마이너스 기호가 붙어서 마이너스통장이라고 불린다.

### ★ 한도대출(마이너스통장)로 빌린 돈은 어떻게 갚나요? 일반 대출처럼 매달 정해진 금액을 갚는 건가요?

마이너스 통장은 언제든 얼마든 돈을 빌릴 수 있습니다. 이는 갚을 때도 마찬가지예요. 마이너스통장에 돈을 입금하면 끝이죠. 일반 대출과 달리 한도대출은 중도상환수수료가 없어요. 그러니 돈이 생기면 바로바로 갚는 게 좋겠죠. 만약 오늘 50만 원을 빌리고 내일 당장 갚는다면 하루 치 이자만 내면 돼요. 물론 빌린 50만 원 중에 10만 원만 갚아도 상관없습니다.

### ★ 5,000만 원 한도의 마이너스통장을 만들면 5,000만 원에 대한 이자가 붙나요?

한도와 상관없이 내가 빌려 쓴 돈에 대해서만 이자를 계산합니다. 한도가 5,000만 원이더라도 내가 200만 원만 썼다면 200만 원에 대한 이자만 내면 돼요.

### ★ 다른 대출과 비교하여 마이너스통장의 이자율은 어떤가요?

제2금융권이나 현금서비스보다는 이자율이 매우 낮아요. 하지만 유의할 점이 있는데, 마이너스통장의 이자는 복리로 계산된다는 거예요. 복리란 빌린 돈뿐만 아니라 이자에도 다시 이자를 매기는 방식입니다. 그래서 시간이 갈수록 이자가 어마어마하게 불어날 수 있으니 이 점을 꼭 유의해야 해요.

### ★ 마이너스 통장도 만기가 있나요?

마이너스 통장도 대출이라서 만기가 있습니다. 만기 시점에 빌린 돈을 다 갚아야 하죠. 즉, 마이너스였던 잔액을 0으로 만들어야 한다는 의미예요. 만약 만기가 지났는데 내 마이너스통장 잔액이 여전히 마이너스라면 연체가 되는 거죠.

### ★ 마이너스 통장 한도는 무조건 최대로 해두는 게 좋은 거 아닌가요?

한도를 최대로 해두면 돈이 필요할 때 별도의 절차 없이 돈을 빌려 쓸 수 있다는 장점은 있겠죠. 한도를 많이 설정해 두어도 내가 빌린 금액만큼만 이자를 내면 되니까 한도는 크게 중요하지 않은 것처럼 보이기도 해요. 하지만 금융기관에서 내가 빚을 진 금액을 파악할 때는 마이너스 통장의 한도만큼 빚을 낸 것으로 봅니다. 만약 내가 빚을 낼 수 있는 한도가 최대 5억 원일 때, 한도 1억인 마이너스 통장을 이미 가지고 있다면 5억에서 1억을 제외한 4억만 추가로 대출받을 수 있다는 의미예요.

# 돈을 빌리고, 빌려줄 때는 꼭 차용증을 작성하세요

지금까지는 은행, 신용카드회사 등에 빚을 지는 방법을 알아보았다. 하지만 우리는 개인 간에 빚을 지고 갚기도 한다. 지인이나 친구, 또는 가족이 돈을 빌려달라고 할 수도 있을 것이고 반대로 내가 돈을 빌려야 하는 상황이 올 수도 있다. 물론 돌려받지 못해도 상관없는 금액이야 인생 수업료로 생각할 수 있겠지만 금액이 커진다면 이야기는 달라진다. 사람에 대한 믿음만으로 돈을 빌려줬다가 자칫 내 소중한 돈을 돌려받지 못해 소송으로까지 번질 수도 있다. 그러므로 우리는 돈을 빌려줄 때 반드시 증거를 남겨야 한다. 물론 가까운 사이에 돈거래를 하지 않는 게 가장 좋은 방법이다.

## 빚을 갚겠다는 약속의 증서

개인 간에 돈을 빌려줄 때 가장 확실한 증거가 되는 게 차용증이다. 차용증은 돈을 빌려줄 때 작성하는 일종의 계약서라고 생각하면 된다. 돈을 빌리고서 돈을 빌린 적이 없다고 발뺌하는 경우가 생각보다 많다. 이때 돈을 빌려주었다는 사실을 빌려준 사람이 증명해야 하는데, 차용증을 작성하지 않았다면 이를 증명하는 게 어려워진다. 따라서 돈을 빌려줄 때는 꼭 차용증을 작성하도록 하자.

---

### ★ 차용증에는 어떤 내용이 들어가야 하나요?

차용증에 정확한 내용이 기록되어 있어야 법적 효력을 가집니다. 차용증에 꼭 들어가야 할 내용은 다음과 같아요.

· 빌려준 돈의 정확한 액수
· 이자율 : 연이율 혹은 월이율 몇 %인지
· 변제기일 : 돈을 갚을 날짜
· 변제방법 : 돈을 갚는 방법
· 돈 빌려주는 사람의 인적사항(성명, 생년월일, 주소 등) 및 서명 또는 날인
· 돈 빌리는 사람의 인적사항 및 서명 또는 날인
· 제대로 갚지 않았을 경우 위자료 등

차용증 내용은 최대한 자세히 적고 인적사항이나 서명은 두 사람의 자필로 적는 것이 좋습니다. 가능하다면 녹음까지 해서 이중으로 증거를 남겨두면 좋겠죠. 또한, 공증을 받아 두는 것도 좋은 방법이에요.

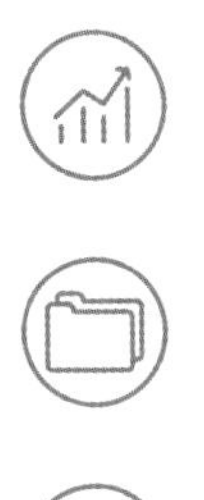

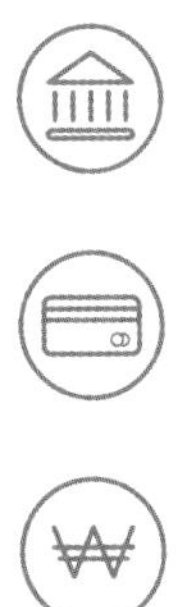

# Chapter 07

# 거대한 계모임,
# 보험

## 보험, 꼭 필요할까?

내가 몇 개의 보험에 가입되어있는지 한번 세어보자. 이번에는 그 보험을 어떻게 가입했는지 생각해보자. 혹시 직접 상품을 살펴보고 가입한 사람이 있는지 궁금하다. 아마 대부분 지인의 추천이나 소개로 가입했을 것이다. 그리고 그중 대부분은 부모님의 추천으로 가입했을 것이다. 마지막으로 만약 내가 다리를 다쳐 5일 동안 병원에 입원했을 때 얼마의 보험금을 받게 되는지 대답해보자. 막힘없이 대답한 사람이 있다면 칭찬해주고 싶다. 하지만 대답을 제대로 못 했더라도 나무랄 마음은 없다. 보험도 다른 금융상식처럼 그 누구에게도 배워본 적이 없을 테니까.

보험은 대부분 사람이 가입하고 있지만, 보험에 대해 잘 알고 있는 사람은 드물다. 현대 사회를 살아가는 데 있어 반드시 필요한 보험! 이번 장에서는 보험에 대해 알아보자.

### 거대한 계모임 '보험'

보험에 대해 알아보기 전에 보험의 뜻을 먼저 살펴보자.

우리의 삶은 언제 어떤 일이 벌어질지 모르고, 우리는 크고 작은 위험에 노출된 채 살아간다. 다쳐서 병원 치료를 받을 수도 있고 질병에 걸릴 수도 있다. 자동차를 타고 가다가 사고가 날 수도 있고, 집에 불이 나서 하루아침에 삶의 터전을 잃을 수도 있다. 이럴 때 여러 가지 문제가 찾아오겠지만 대부분 '돈'과 관련된 문제가 가장 크게 다가온다. 다치거나 병에 걸렸는데 치료받을 돈이 없다면? 자동차 사고로 사람을 다치게 했는데 보상해 줄 돈이 없다면? 집에 불이 났는데 새로 집을 살 돈이 없다면? 이런 예상치 못한 사고에 대비하려고 가입하는 게 보험이다.

보험은 일종의 계모임이라고 볼 수 있다. 같은 위기를 겪을 확률이 있는 사람들끼리 일정 금액을 모아뒀다가, 해당 위기를 실제로 겪게 된 사람에게 모아둔 돈으로 도움을 주는 것이다. 심장질환에 걸릴까 봐 걱정되는 사람들이 돈을 모아두었다가 실제로 심장질환에 걸린 사람이 생기면 모아둔 돈을 치료비나 입원비 등에 쓸 수 있게 하는 것이다.

### 보험금을 받는 건 좋은 게 아니에요

보험은 앞으로 닥칠 수도 있는 위험에 대비하기 위해 필요하다. 하지만 보험에 가입했더라도 보험금을 받지 않는 게 가장 좋다. 다음 질문을 통해 그 까닭을 알아보자.

다음 중 보험금을 받았을 때 올바른 반응은 무엇일까?

1. 앗싸! 보험금 받았다!
2. 휴, 보험금 받아서 다행이다.

위 질문의 적절한 답은 2번이다. 보험금은 사망, 질병, 부상 혹은 재산의 손실 등 안 좋은 일이 생겼을 때 받게 된다. 가족 중 누군가 사망해서 보험금을 받았는데 기뻐하는 사람이 있을까? 또 내가 다리를 다쳐 병원 신세를 지게 되었는데 기뻐할 수 있을까? 암에 걸렸는데 보험금을 받았다고 기뻐할 사람이 있을까? 보험은 말 그대로 보험이다. 일어나지 않아야 좋을 일이 나에게 닥쳤을 때 금전적인 도움을 받기 위한 것이다.

그러므로 보험금을 받았을 때는 '앗싸!'라는 반응보다 '다행이다'라는 반응이 알맞다. 보험금은 받을 일이 생기지 않는 게 가장 좋다.

## 보험회사도 이윤을 추구하는 기업이다

보험을 통해 우리는 미래의 위기에 대처할 힘이 생긴다. 하지만 늘 명심해야 할 것은 보험회사도 이윤을 추구하는 기업이라는 사실이다. 은행이 대출이자와 예금이자의 차이로 수익을 내는 이윤집단인 것처럼 보험회사도 고객이 낸 보험료와 회사에서 지급하는 보험금의 차이로 이윤을 내는 기업이다. 따라서 보험회사는 손해 볼 행동은 하지 않는다고 생각해야 한다.

보험사는 손해 보지 않도록 보험 상품을 구성한다. 그런데 만약 보험사에 수익을 가져다줄 것으로 생각했던 상품이 손해를 (고객이 내는 보험료보다 보험사가 지급하는 보험금이 더 많을 때) 가져온다면 보험사는 그 상품을 없애버린다. 그리고 보험사에서 수익을 남길 수 있는 구조로 보험 상품을 다시 만든다. 그리고 이미 가입한 고객에게는 새로운 상품이 더 좋은 것처럼 소개하며 보험을 바꿀 것을 권유하기도 한다. 따라서 보험사에서 상품을 바꾸길 권유한다면 두 보험 상품의 약관을 반드시 확인해보는 것이 좋다.

---

★ 보험사가 보험금과 보험료의 차이만으로 수익을 올릴 수 있나요?

보험사의 기본적인 수익 구조는 고객이 내는 보험료로 고객에게 보험금을 지급하는 거예요. 여기서 수익을 내려면 고객에게 받는 보험료가 보험금보다 많아야겠죠. 하지만 이 외에도 고객이 낸 보험료를 다른 사람에게 대출해주거나 투자를 통해 추가 수익을 내기도 해요.

## 보험 용어들

먼저 보험에서 자주 사용되는 용어에 대해 알아보자.

• 보험료와 보험금

보험료와 보험금은 글자 하나가 다르지만, 뜻은 완전히 반대이다. 보험료는 내가 보험사에 내는 돈을 말하고, 보험금은 보험사가 나에게 주는 돈이다. 보험료는 '납부한다' 혹은 '납입한다'

라는 표현을 사용하고 보험금은 '지급받는다'는 표현을 쓴다.

보험료는 한 달에 한 번씩 내는 월납, 1년에 한 번씩 내는 연납, 내야 하는 보험료를 한꺼번에 내는 일시납 등이 있다.

• 보험약관과 보험증권

보험약관은 보험 상품에 관한 내용을 '자세히 적어둔 책' 정도로 생각하면 된다. 보험약관에는 언제 보험금을 받을 수 있고 언제 받을 수 없는지, 보험 가입자가 유의해야 할 사항, 보험계약이 무효가 되는 경우 등 해당 보험에 대한 모든 내용이 자세히 나와 있다. 보험에 가입하기 전에 보험사 홈페이지에서도 확인할 수 있고 가입 시 종이로 된 약관을 주거나 이메일 등으로 약관 파일을 보내주기도 한다.

보험증권은 나와 보험사가 보험을 맺었다는 계약서다. 계약날짜, 계약자, 피보험자, 보험료, 보장기간 등 약관 내용 중 중요한 내용이 함축적으로 담겨있다.

---

★ 그럼 보험증권만 보관하면 되나요?

아니요. 보험약관과 보험증권을 꼭 함께 보관해주세요. 대부분 보험약관이 두껍고 어려운 용어가 많아 보험증권의 내용만 확인하는 사람이 많아요. 보험증권에도 주요 계약 내용이 들어있지만, 보험금 지급은 약관을 기준으로 합니다. 그러니 약관은 꼭 보관해두어야겠죠.

★ 보험약관은 보험사 홈페이지에 있는데 굳이 보관해야 하나요?

앞으로 그런 일이 없어야겠지만 보험사에서 홈페이지에 있던 보험약관을 바꿔치기한 사례가 있었어요. 그러니 내가 가입한 시점의 보험약관 내용을 증명하기 위해서라도 보험약관은 꼭 챙겨두는 게 좋아요.

• 납입기간과 보장기간

납입기간은 보험금을 내는 기간을 말한다. 그리고 보장기간은 보험의 혜택을 보장받는 기간이다. 만약 15년 납 80세 만기인 보험 상품이 있다면, 15년 동안 보험료를 내고 80세까지 가입한 보험 내용을 보장받는 것이다.

★ 15년 납이면 15년 동안 보험료를 내고 그 뒤는 내지 않나요?

네, 납입기간 동안 보험료를 모두 냈으면 그 뒤로는 보험료를 내지 않습니다. 만약 30세에 15년 납 80세 만기인 보험에 가입했다면 45세까지 보험료를 내고 46세부터 80세까지는 보험료를 내지 않지만 보험 가입 내용을 보장받는 거죠.

★ 보험 상품에 '전기납'이라는 말이 있던데 무슨 뜻인가요?

전기납이란 보험료를 내는 동안 보장받는 보험을 말합니다. 20년 만기 전기납이라면 20년 동안 보험내용을 보장받는다는 거죠.

• 주계약과 특약

주계약이란 보험 계약 시 가장 기본이 되는 계약으로 의무적으로 가입해야 하는 보장내용이 포함되어 있다. 식당에 가서 주문하는 메인요리라고 보면 된다.

특약은 특별보험약관의 줄임말로 주계약에 추가해서 가입할 수 있는 보장내용이 포함되어 있다. 식당에 가서 주문하는 사이드 메뉴라고 생각하면 된다. 특약은 개인 의사에 따라 자유롭게 선택할 수 있고, 특약을 추가하면 보험료는 당연히 올라간다.

• 계약자와 피보험자 그리고 수익자

계약자는 보험계약을 맺는 사람이다. 계약이 끝나면 보험에 대한 권리와 의무가 생기며, 보험료를 납입할 의무도 있다.

피보험자는 보험으로 보호받게 되는 사람이다. 피보험자가 사고가 나거나 질병에 걸렸을 때 보험사는 보험금을 지급해야 한다. 계약을 A가 했고 보험료도 A가 내지만 피보험자가 B라면 B가 사고가 나거나 다쳐야 보험금을 받을 수 있다.

수익자는 보험금을 받는 사람이다. 만약 A가 보험에 가입하며 수익자를 B로 설정해두었다면, A가 사망했을 때 B가 보험금을 받게 된다. 수익자를 따로 설정하지 않으면 사망 외에 수익자는 피보험자다.

---

★ 계약자 피보험자 수익자는 다 같은 사람 아닌가요?

일반적으로는 계약자=피보험자=수익자입니다. 다리를 다쳤을 때 보험금을 받을 수 있는 보험에 A가 가입을 한다면 계약자도 A이고 A가 다쳤을 때 A가 보험금을 받게 되니까요. 하지만 부모님이 자녀의 보험에 가입해줄 때, 계약자는 부모님이지만 피보험자는 자녀가 됩니다.

또한, 사망보험은 계약자와 피보험자, 수익자가 모두 다를 수 있어요. A가 사망했을 때(피보험자) A의 어머니(수익자)가 보험금을 받도록 A의 아버지(계약자)가 계약할 수 있거든요.

• 부담보

부담보란 보험에서 보장하는 내용 중 특정질환 등을 보장해 주지 않는 것을 말한다. 만약 이전에 심장관련 질환으로 수술받은 적이 있어서 심장 질환이 부담보로 가입된다면 이후 심장 질환이 발생해도 보험금을 받을 수 없다. 부담보는 기간을 정해두는 기간 부담보와 보험만기 시까지 보장하지 않는 전 기간 부담보가 있다.

★ 부담보는 고객으로서 불리한 내용 같은데 가입할 때 이전에 아팠거나 치료받은 내용을 숨기고 가입하면 되는 것 아닌가요?

보험에 가입할 때 가입자는 '고지의무'를 가져요. 고지의무란 보험계약을 할 때 피보험자가 질병을 앓았던 내역 등을 보험사에 정확하게 알릴 의무를 말해요. 만약 수술 이력 등을 제대로 알리지 않았다면 보험사에서 계약을 해지하거나 보험금을 지급하지 않을 수도 있어요. 그러니 보험에 가입할 때 내 건강 사항에 관한 내용을 정확히 알려야겠죠.

• 정액보험과 실손보험

정액보험은 정해진 보험금을 모두 지급하는 보험을 뜻하는데, 대표적으로 생명보험이 있다. 실손보험은 손해가 발생한 부분에 대해서만 보험금을 지급하는 보험이다. 화재보험이 실손보험에 해당된다. 만약 보험 가입금액이 똑같이 5천만 원일 경우 정액보험은 보험금 지급사유가 발생했을 때 무조건 5천만 원을 지급하지만, 실손보험은 손해의 정도를 따져 최대 5천만 원 안에서 보험금을 지급한다.

• 유배당과 무배당

보험사가 고객이 낸 보험료를 운용해 수익을 냈을 때 이 수익을 보험 가입자에게 되돌려주는 것을 배당이라고 한다. 유배당이란 보험사가 얻은 이익을 고객에게 돌려주는 것, 무배당이란 배당금을 지급하지 않는 것을 말한다.

---

★ 수익을 나눠 받을 수 있는 유배당 상품이 좋은 것 아닌가요?

얼핏 추가 이익을 얻을 수 있는 유배당이 좋아 보입니다. 하지만 보험에 가입할 때 우선 따져보아야 할 것은 '보험의 보장내용이 나에게 잘 맞는가'예요. 보험은 투자보다는 보장으로서의 목적이 우선이기 때문이죠. 그리고 유배당 상품은 배당을 받으므로 내야 하는 보험료가 무배당 상품에 비해 높아요. 그러므로 '유배당이 무조건 좋다'라고 이야기할 수는 없겠죠. 또 예전과 달리 요즘은 유배당 상품을 찾아보기 힘듭니다.

• 해지와 실효

해지란 만기 이전에 보험계약을 종료하는 것을 말한다. 해지는 보험계약자가 할 수도 있고 보험사가 하는 경우도 있다.

실효란 내야 하는 보험료를 내지 않아 보험계약이 정지된 상태를 말한다. 보통 보험료를 두 달 이상 내지 못했을 때 실효 상태가 된다.

---

★ 실효 상태에서 사고가 났어요. 보험금을 받을 수 있을까요?

실효 상태는 보험계약내용이 효력을 잃은 상태를 뜻해요. 실효 상태에서는 보험계약약관에 보장된 내용이더라도 보험금을 받을 수 없습니다.

★ 깜빡하고 연체해서 보험이 실효 상태가 됐어요. 새로 보험에 가입해야 하나요?

실효 상태에서 일정 기간이 지나면 자동으로 보험이 해지됩니다. 하지만 해지되기 전까지 유예기간이 있어요. 이때 밀린 보험료와 연체료 등을 내면 기존 보험내용 그대로 보장받을 수 있습니다. 하지만 유예기간이 지나 해지가 된다면 새로 보험에 가입해야겠죠.

• 환급금

환급금이란 내가 낸 보험료를 돌려주는 것을 말한다. 내가 사고를 당하거나 질병에 걸리지 않아도 주는 돈이다. 환급금에는 만기환급금과 해지환급금이 있다.

만기환급금은 보험이 만기 되었을 때 돌려받는 돈이다. 20년 만기라면 20년 뒤에, 80세 만기라면 80세가 되었을 때 만기환급금을 받게 된다. 보험에 따라 만기환급률을 정할 수도 있다. 만기환급률이 0%라는 것은 만기 때 내가 낸 보험료를 하나도 돌려받지 않겠다는 뜻이다. 만기환급률이 100%라면 만기 때 내가 낸 보험료를 100% 돌려받겠다는 뜻이다.

해지환급금은 보험이 해지될 때 돌려받는 돈이다. 이때는 환급금을 산출하는 방법으로 계산하여 돈을 돌려준다.

---

### ★ 당연히 만기 때 내가 낸 보험료를 100% 돌려받는 게 좋은 것 아닌가요?

만기환급률을 100%로 설정하면 만기 때 내가 지금까지 낸 보험금을 모두 돌려받을 수 있어요. 예를 들어 20년 납 20년 만기인 보험상품에 매달 5만 원의 보험료를 냈다면 20년 뒤 만기가 되었을 때 1,200만 원(5만 원×20년×12개월)을 그대로 받을 수 있습니다. 이렇게 보면 보험 보장도 받고 돈을 그대로 돌려받으니 굉장히 합리적인 것처럼 보이네요. 하지만 여기서 우리는 세 가지 내용을 생각해 봐야 합니다.

첫째, 만기환급률이 올라갈수록 보험료가 비싸져요. 어떻게 보면 당연한 이야기겠죠. 만기환급률을 0%로 한 것과 100%로 한 것은 보험료 차이가 크게 납니다. 20년 납 20년 만기 보험상품의 예를 살펴볼까요?

만기환급률에 따라 10배 넘는 보험료 차이가 나는 것을 볼 수 있어요. 환급받지 않는 대신 저렴한 보험료로 보험에 가입할 수 있는 거죠. 이처럼 환급받지 않는 상품을 '순수보장형' 상품이라고 합니다. 보험의 원래 목적을 생각한다면 가장 적절한 상품이라고 할 수 있어요.

둘째, 만기환급금에는 이자가 붙지 않아요. 만기 환급금 0%와 100%의 차액인 52,500원을 20년짜리 정기적금에 가입한다고 생각해볼까요? 이자를 단리 2%로 예상하더라도 원금 1,260만 원과 이자 253만 원(비과세 기준)을 더해 1,500만 원이 넘는 돈이 통장에 들어 있을 겁니다. 이 금액은 100% 만기환급률의 만기환급금 1,363만 원보다 많은 금액이죠. 어떤 선택이 합리적일지는 말하지 않아도 알겠죠?

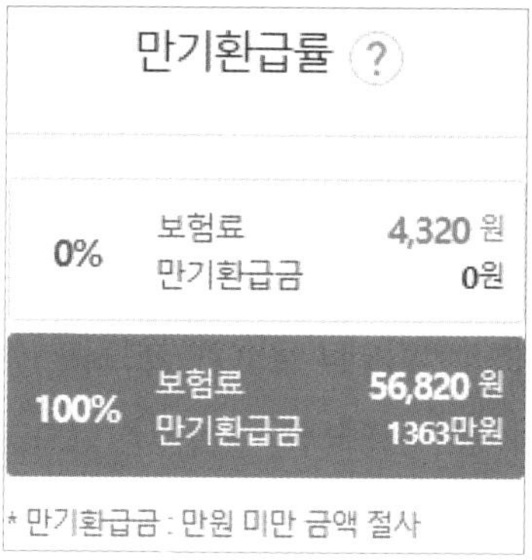

만기환급률 ?

| | | |
|---|---|---|
| 0% | 보험료 | 4,320 원 |
| | 만기환급금 | 0원 |
| 100% | 보험료 | 56,820 원 |
| | 만기환급금 | 1363만원 |

* 만기환급금 : 만원 미만 금액 절사

출처: 교보라이프플래닛생명

셋째, 물가는 매년 올라요. 20년 뒤의 1,363만 원의 가치는 지금의 1,363만 원의 가치와 달라요. 내가 낸 돈을 그대로 받는 것 같지만 물가 상승으로 인해 돈의 가치가 떨어져 사실상 손해인 거죠.

- 갱신형과 비갱신형

갱신은 '이미 있던 것을 고쳐 새롭게 함'이라는 뜻이다. 보험에서의 갱신은 보통 보험료의 갱신을 뜻한다. 즉 처음 계약을 맺었던 보험료가 중간에 바뀌는 상품을 갱신형 보험이라 한다. 3년 갱신, 5년 갱신처럼 갱신 주기가 앞에 오며, 3년 갱신이라면 3년마다 보험료가 오를 수 있는 보험이라고 생각하면 된다. 반면 비갱신형 보험은 납입기간동안 보험료가 변하지 않는 상품이다.

• 청약철회

보험 계약을 마쳤는데 보장내용이 마음에 들지 않는 등의 이유로 계약한 보험을 취소하고 싶다면 어떻게 해야 할까? 이때는 걱정할 필요 없이 계약을 취소할 수 있다. 다른 말로는 청약철회라고 한다. 보험사에 방문하거나 보험사 콜센터에 전화해 청약철회를 할 수 있다.

---

★ 청약철회는 언제든 할 수 있는 건가요?

아니요. 청약철회는 기간이 정해져 있어요. 보험증권을 받은 날로부터 15일, 계약일로부터 30일 이내에 해야 해요. 만약 만 65세 이상의 계약자가 전화로 계약했을 때에는 최대 45일까지 청약철회가 가능합니다.

★ 청약철회를 하려는데 이미 낸 보험료가 있어요. 되돌려 받을 수 있을까요?

청약철회를 한 경우에는 이미 낸 보험료를 그대로 돌려받을 수 있어요.

# 보험의 종류

기본적인 보험 용어를 알아보았으니 지금부터는 보험의 종류를 알아보자. 사실 보험은 종류가 엄청나게 많다. 반려동물 보험, 보이스피싱 보험 등 우리가 맞닥뜨릴 위기에 대비할 수 있는 보험 상품이 수없이 많지만, 여기에서는 그중 우리가 일반적으로 접하는 보험만 살펴보자. 우선 보험은 크게 생명보험과 손해보험, 제3보험으로 나눌 수 있다.

## 생명보험의 종류

생명보험은 사람의 목숨과 관련된 보험이다. 생명보험이라고 하면 흔히 사망해야 받을 수 있는 보험으로 생각하는 경우가 많은데, 사실 생명보험은 사람의 생존 또는 사망에 대해 보장하는 보험이다. 즉 피보험자가 생존했을 때도 생명보험금을 받을 수 있다는 뜻이다. 우리 주변에서 볼 수 있는 보험사 중 교보생명, 라이나생명 등 생명이라는 명칭이 붙은 보험사가 생명보험사이다.

## 사망보험

일반적으로 생명보험을 떠올릴 때 사람들의 머릿속에 떠오르는 보험이다. 간단히 말해 보험에 가입한 피보험자가 사망했을 때 보험금을 지급하는 보험이다. 사망보험은 다시 종신보험과 정기보험으로 나눌 수 있다.

- 종신보험

종신보험에 가입한 피보험자가 사망하면 보험사는 100% 보험금을 지급한다. 종신보험은 피보험자가 사망하면 유가족에게 보험금이 지급되는 경우가 많다. 다른 보험에 비해 보험료가 비싸고 보장기간을 따로 정해두지 않는다.

- 정기보험

종신보험과 마찬가지로 피보험자가 사망했을 때 보험금을 지급한다. 보장기간을 따로 정하지 않는 종신보험과는 달리, 정기보험은 보장기간을 정해둔다는 게 가장 큰 차이다. 20년 만기 또는 70세 만기와 같이 기간을 정해두고 그 기간 안에 사망할 경우 보험금을 지급한다.

### ★ 사망보험금은 내가 받지 못하는 보험금인데 왜 가입하나요?

간혹 내가 죽어버리면 받지 못하는 돈이라 사망보험은 의미가 없다고 생각하는 사람들이 있어요. 그런데 사망보험은 왜 가입하는 걸까요?

사망보험에 가입하는 가장 큰 목적 중 하나는 가장이 갑작스럽게 사망했을 때 남은 가족들의 생계비 마련을 위해서예요. 집에서 소득을 책임지던 가장이 갑자기 사망했을 경우 남은 가족들은 가족을 잃은 슬픔과 함께 생계비 문제에 직면하게 됩니다. 그래서 가족들이 취업 등 생계유지를 준비하는 기간 동안 사망보험금을 생계비로 사용하기 위한 목적이에요.

사망보험에 가입하는 두 번째 이유는 상속세 마련을 위해서입니다. 부모님이 돌아가셔서 재산을 물려받았을 경우 정해진 기간 안에 상속세를 내야 해요. 그런데 현금이 아닌 부동산 등을 물려받았을 때 기한 안에 상속세를 내려고 대출을 받거나 헐값에 부동산을 처분해야하는 경우가 생길 수 있습니다. 이럴 때를 대비해 사망보험에 가입해두고 받은 보험금으로 상속세 납부를 하는 경우가 있어요.

### ★ 사망보험금으로 수억~수십억을 받았다는 광고를 본 적이 있어요. 생명보험에 가입한 모든 사람이 이렇게 큰 금액을 받을 수 있는 건가요?

사망보험금이라고 하면 왠지 수억~수십억의 보험금을 받을 수 있을 거로 생각하는데 이는 사실이 아니에요. 물론 수억 원의 보험금을 받는 사람이 존재하겠죠. 하지만 10억을 받으려면 매달 얼마의 보험료를 내야 하는지 생각해본 적 있나요? 보험 상품에 따라 다르겠지만 사망 시 10억의 보험금을 받는 15년 납 종신보험에 가입하면 매달 300만 원이 넘는 돈을 내야 해요. 보험료로만 매달 300만 원씩 내야 한다니! 보험을 유지하는 것도 쉽지 않아 보이네요.

★ 정기보험은 보장기간이 정해져 있다고 했는데, 만약 정해진 기간 이후 피보험자가 사망하면 어떻게 되나요?

정기보험의 경우 보장기간 이후에 피보험자가 사망하면 보험금을 지급하지 않아요.

★ 그럼 보험료를 받지 못할 수도 있는 정기보험보다 종신보험이 좋은 것 아닌가요? 정기보험은 왜 가입하는 건가요?

정기보험에 가입하는 이유 중 하나는 종신보험에 비해 보험료가 저렴하다는 거예요. 보험사 입장에서는 언제가 될 지는 모르지만 100% 보험금을 지급해야 하는 종신보험의 보험료를 높게 책정할 수밖에 없겠죠.

또 가입 목적에 따라 종신보험이 아닌 정기보험을 택할 수 있어요. 만약 자녀가 10세인 부부가 있다고 생각했을 때, 20년 후에는 자녀가 독립할 것이라고 예상할 수 있습니다. 이때 자녀가 독립하기 전까지만 사망으로 인한 위험을 대비하기 위한 장치를 마련해 두는 방법으로 정기보험을 택할 수 있어요. 종신보험보다 훨씬 저렴한 보험료로 사망으로 인한 위험을 대비하는 거죠.

• 생존보험(연금보험)

생명보험 중 사람이 생존했을 때 보험금을 지급하는 보험을 생존보험이라고 한다. 대표적인 생존보험으로는 연금보험이 있다.

연금보험에 대해 알아보기 전 연금이 무엇인지 먼저 살펴보자. 일반적으로 60세 정도엔 대부분 퇴직하게 된다. 그런데 내가 80세 정도에 사망할 것으로 예상했을 때 20년 정도의 기간을 수입 없이 그동안 벌어둔 돈으로 생활해야 한다. 물론 새로운 일자리를 얻을 수도 있겠지만 매달 고정적인 수입이 없다면 생활하는 데 어려움이 따를 수도 있다 이를 대비해  소득이 있을 때 일부를 납부해뒀다가 퇴직 이후 계속해서 급여를 받는 것을 연금이라고 한다.

연금보험이란 이러한 연금의 특징을 갖는 보험으로 매달 정해진 금액을 납부기간동안 납입하고 정해진 연령부터 매달 보험금을 받는 것이다. 사망했을 때 보험금을 받는 사망보험과 달리 생존해 있어야 보험금을 받을 수 있기 때문에 생존보험이라고 한다.

---

★ 연금보험의 보험금은 얼마나 되나요? 또 언제까지 받을 수 있나요?

상품 종류에 따라 다르지만 월 20만 원 10년 납 연금보험의 경우 65세부터 약 21만 원정도의 보험금(단리 5% 기준)을 매달 받을 수 있어요. 이 보험료는 피보험자가 사망할 때까지 지급됩니다. 즉 80세까지 살든 100세까지 살든 매달 보험금이 나온다는 이야기죠.

## 손해보험

손해보험은 재산의 손해와 관련된 보험이다. 재산이 파손되었을 때 보험금을 받을 수 있다. 이때 손해에 따라서 보상금액이 달라지는 실손보험의 성격을 갖는다. DB손해보험, 메리츠화재, 삼성화재 등이 손해보험사이다. 일상에서 흔히 가입하는 손해보험은 자동차보험과 화재보험 등이 있다.

- 자동차보험

자동차보험은 자동차를 가지고 있거나 사용, 관리하는 동안 발생하는 사고에 대해 보상해주는 보험이다. 자동차를 구입하는 사람이라면 의무적으로 가입해야한다. 자동차 보험은 보장 기간이 1년이기 때문에 매년 새롭게 자동차보험에 가입해야 하며, 일시납으로 보험료를 납부해야 한다. 자동차 가격, 운전자 나이, 보장내용 등에 따라 보험료는 달라진다.

---

★ 자동차보험이 의무가입이라고 하셨는데 만약 가입하지 않으면 어떻게 되나요?

자동차 보험은 의무가입이므로 가입하지 않을 경우 그 기간만큼 과태료를 내야 해요.

★ 자동차보험도 만기환급금이 있나요?

자동차보험은 만기환급금이 없어요. 1년 동안 사고가 나지 않더라도 보험금을 돌려받지 못하는 거죠.

• 화재보험

화재보험이란 말 그대로 불이 났을 때 즉, 화재로 인한 손해를 입었을 때 보험금을 지급한다. 주택과 같은 부동산 뿐만 아니라 가전 , 가구 같은 가재도구 등의 손해도 보상받을 수 있다. 실손보험 이기 때문에 손해를 입은 만큼 보험금을 받는다.

## 제3보험

제3보험은 생명보험과 손해보험의 성격을 모두 가진 보험이다. 사람이 질병에 걸리거나 사고 등으로 인해 다쳤을 때 또는 질병이나 상해로 인해 간병이 필요한 상황일 때 보장해주는 보험 상품이다. 제3보험에는 암보험, 뇌·심장보험 등이 있다. 대표적인 제3보험인 실손의료비보험에 대해 알아보자.

• 실손의료비보험(실비보험)

실비보험은 피보험자가 질병이나 상해로 입원하거나 병원에서 치료받는 경우 가입자가 부담한 의료비를 보험금으로 지급하는 보험이다. 만약 내가 병원에서 진료와 치료를 받고 치료비로 10만 원을 썼다면 이 10만 원에 대해 보험사에 실손의료비 보험금을 청구할 수 있다.

하지만 10만 원을 의료비로 냈더라도 10만 원 전부 보험금으로 받을 수는 없다. 왜 그런지 하나씩 알아보자.

우선 급여와 비급여의 차이를 알아야 한다. 병원에서 계산을 마치고 진료비 영수증을 받아보면 다음과 같은 항목이 있다.

| 항목 | 급여 | | | 비급여 | |
|---|---|---|---|---|---|
| | 일부본인부담 | | 전액 본인부담 | 선택진료료 | 선택진료료 이외 |
| | 본인부담금 | 공단부담금 | | | |
| 진찰료 | | | | | |
| 입원료 | | | | | |
| 식대 | | | | | |
| 투약 및 조제료 | | | | | |
| 주사료 | | | | | |

영수증을 잘 살펴보면 진료비총액과 우리가 부담하는 환자부담총액이 다른 것을 알 수 있다. 이렇게 실제 의료비와 우리가 내는 의료비가 차이나는 이유는 건강보험 덕분이다. 국민건강보험공단에서 의료비 일부를 부담해주는 항목이 '공단부담금'이다. 그래서 우리는 실제 의료비 중 공단부담금을 제외한 비용을 내게 된다. 건강보험에 가입해서 혜택을 적용 받고 있는 것이다. 이처럼 건강보험 혜택이 적용되는 항목을 '급여'라고 한다. 반면 성형수술비, 상급병실료처럼 건강보험공단에서 부담하는 항목이 아닌 것을 '비급여' 항목이라고 한다.

실손의료비보험금을 청구할 경우 우리는 급여항목의 80%, 비급여항목의 70%를 돌려받을 수 있다고 생각하면 된다.

## 보험 가입하는 방법

• 대면 가입

① 보험 설계사를 통해 가입하기

'보험 가입'하면 가장 먼저 떠오르는 사람이 보험설계사다. 대부분 보험설계사는 가입자가 있는 장소로 찾아와 보험 상품을 소개하고 개인에게 알맞은 상품을 설계해주는 사람이다. 보험 관련 연수나 이수 등 자격요건을 갖추었기 때문에 보험전문가라 볼 수 있다. 좋은 보험설계사를 만난다면 가입자의 상황과 조건에 맞는 보험을 알맞게 설계할 수 있다. 하지만 실적이 우선인 보험설계사를 만나면 불필요한 특약이 추가되어 보험료만 비싸지는 경우가 있으니 유의하자.

② 보험 대리점을 통해 가입하기

보험 대리점이란 휴대폰 대리점처럼 여러 보험회사의 상품을 마련해두고 보험회사 대신 보험계약을 해주는 곳이다. 여러 보험사를 방문하지 않고도 다양한 상품을 비교해보고 가입할 수 있다는 장점이 있다.

• 비대면 가입

① 전화로 가입하기

보험회사에 직접 전화를 걸어 보험 가입을 할 수도 있다. 또한 모르는 번호로 전화가 와서 받았더니 보험 가입을 권유받은 경험도 있을 것이다. 전화(텔레마케팅) 보험 가입은 직접 사람을 만날 필요 없이 전화 통화로 보험에 대한 안내를 받을 수 있고 가입 과정이 간편하다는 장점이 있다. 하지만 전화상으로 약관 안내 등을 받을 때 내용을 자세히 파악하기 어려우므로 반드시 이메일 등으로 약관을 받아 확인하도록 하자.

② 다이렉트 가입

인터넷을 통해 보험 가입을 할 수도 있다. 가입자가 보험 설계사나 대리점을 통하지 않기 때문에 다이렉트(Direct) 보험 가입이라고 부른다. 보험관련 내용, 보장 범위, 특약 등을 자신의 환경에 맞춰 직접 선택할 수 있고, 보험료가 저렴하다는 장점이 있다. 단, 본인이 보험 관련 내용을 선택해야하므로 보험관련 내용을 숙지하고 가입하는 것이 좋다.

③ 홈쇼핑 가입

텔레비전 채널을 돌리다가 보험상품을 판매하는 홈쇼핑 방송을 본 적이 있을 것이다. 소개하는 상품에 관심 있어서 상담신청을 해두면 홈쇼핑 회사가 아닌 보험회사 콜센터에서 전화가 온다. 즉, 홈쇼핑 회사는 보험회사의 보험상품을 대신 팔아주는 것이다.

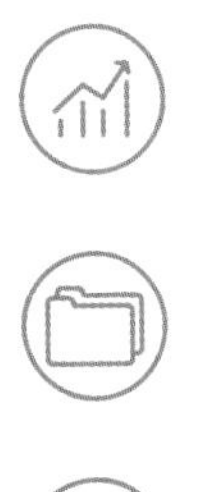

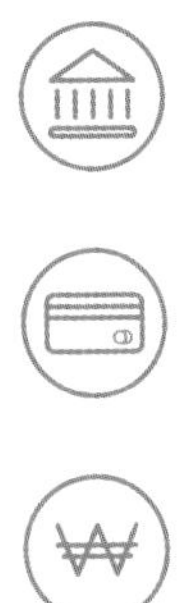
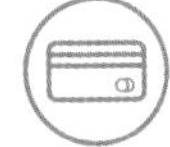

# Chapter 08

# 약속의 증서, 계약서

# 어른의 약속, 계약서

우리는 생활 속에서 다양한 계약을 맺고 살아간다. 계약을 맺는 방법은 여러 가지가 있지만, 그중 가장 간단한 방법은 말로 계약을 하는 것이다. 말로 하는 계약, 다시 말해 '구두계약'은 법적 효력이 있지만 상대방의 마음이 변했을 때, 계약 내용을 확인하고 증명할 방법이 없다. 따라서 회사에서 직원을 채용하거나 물건을 구매할 때 혹은 빌릴 때 종이에 자세한 내용을 기록해둔다. 우리는 이것을 계약서라고 부른다.

계약은 법적 효력을 가지므로 계약을 맺은 당사자는 계약서에 적힌 내용을 이행할 의무가 있다. 만약 이를 지키지 않으면 법적인 제재를 받게 된다.

이번 장에서는 일반적으로 계약서를 작성할 때 유의해야 할 점을 알아볼 것이다. 사람에 따라 직업에 따라 다양한 계약서 종류가 있지만, 우리가 일상생활에서 가장 흔히 접하는 계약서인 근로계약서, 부동산 임대차 계약서에 대해 알아보자.

계약서에 서명이나 날인하는 순간 우리는 계약서에 적힌 내용을 그대로 이행해야 한다. 그러므로 계약서 내용을 반드시 꼼꼼히 읽어보아야 한다. 계약서를 작성할 때는 꼭 다음과 같은 내용을 기억해두자.

### 시간을 충분히 갖고 확인하기

계약서를 처음 받으면 확인할 내용이 무척 많다. 그리고 어려운 단어도 많다. 온라인으로 계약서를 미리 받아보고 내용을 확인할 수 있다면 시간적으로나 심리적으로 여유가 있겠지만, 계약 당사자와 얼굴을 맞대고 계약하는 상황이라면 심리적으로 쫓겨 부담을 느낄 수도 있다. 이런 부담으로 계약서 내용을 제대로 확인하지도 않고 서명하는 일은 절대 없어야 한다. 계약서 내용을 꼼꼼히 확인해보겠다고 이야기하고, 계약 내용을 천천히 하나하나 읽어봐야 한다. 상대방이 빨리 서명하길 재촉할수록 더 천천히 더 꼼꼼히 살펴봐야 한다. 상대방이 재촉한다는 건 정말 시간이 촉박해서일 수도 있지만, 계약서를 꼼꼼히 읽어선 안 되는 이유가 있어서일 수도 있다.

### 모호한 내용은 없는지 확인한다

계약서 내용은 만약 문제가 생겼을 때 잘잘못을 따지는 기준이 된다. 그런데 계약서 내용이 모호하다면 논란의 소지가 발생할 수 있다. 따라서 계약서의 내용은 최대한 구체적으로 기록되어 있어야 한다. 만약 잘 이해되지 않거나 애매한 표현이 있다면 상대방에게 의미를 묻고 계약서에도 명시해두는 것이 좋다. 예를 들어 '충분히'라는 표현보다는 '30분'과 같이 구체적으로 적는 것도 좋은 방법이다. 아무리 구체적으로 적어두어도 양쪽이 해석하는 방법이 다를 수 있으므로 계약서 내용은 최대한 구체적인 '수치'로 적도록 하자.

### 수정을 원하는 부분이 있으면 수정하기

계약서는 계약 당사자 간의 합의된 내용을 기록하는 문서이다. 즉 한쪽이 제시하는 조건을 일방적으로 기록하는 문서가 아니라는 이야기다. 불합리한 조건이나 내가 생각했던 것과 다른 내용 혹은 수정하고 싶은 내용이 있다면 얼마든 수정할 수 있다. 그러므로 서명이나 날인하기 전 합의를 통해 계약서 내용을 수정하도록 하자.

### 이면계약서를 조심한다

계약서를 급하게 보다 보면 미처 계약서 뒷면을 확인하지 못하는 경우가 있다. 내용을 확인하지 못하고 계약했더라도 그 책임은 본인에게 있다. 그러므로 계약서의 앞뒷면을 모두 꼼꼼히 확인하자.

### 계약서는 꼭 원본을 2부 작성한다

계약서는 원칙적으로 계약자 모두가 가지고 있어야 한다. 2명이 하는 계약이라면 똑같은 계약서 2부를 작성해서 계약자 2명 모두 2부의 계약서에 각각 서명 또는 날인해야 한다. 하나의 계약서만 작성해서 보관할 경우 고의로 계약서를 분실할 수도 있다.

## 모든 확인이 끝났다면 서명이나 날인하기

계약서 내용을 모두 확인했고 이에 동의한다면 계약서에 서명이나 날인을 하면 된다. 서명이나 날인하는 순간 계약서에 적힌 내용에 모두 동의한다는 뜻이므로 이 점을 꼭 명심하자. 계약의 종류에 따라 인감도장을 사용해야 할 수도 있다.

보통 계약서의 맨 뒷장에 서명 또는 날인하게 되어 있는데, 계약서가 한 장일 때는 문제되지 않지만 여러 장일 때 앞쪽에 서명이나 날인되지 않은 계약서 쪽수는 조작의 우려가 생길 수 있다. 그래서 앞장을 접어 앞장의 뒷면과 뒷장의 앞면에 도장이 반반씩 찍히도록 간인하는 경우도 있다.

# 근로계약서

근로계약서는 임금이나 근로시간 등 근로조건에 관한 내용을 명확하게 정하기 위해 작성한다. 보통 근로자의 권리를 위해 작성하는 것으로 생각하는데 근로자뿐만 아니라 사업주의 권리 보호를 위해서도 꼭 필요하다. 근로계약서는 정해진 양식은 없지만, 꼭 들어가야 하는 내용이 있다. 지금부터 고용노동부의 표준 근로계약서 내용을 참고하여 근로계약서 작성 방법을 하나씩 살펴보자.

## ❶ 계약자명

가장 먼저 계약을 맺는 당사자의 이름을 적는다. 근로계약서의 경우 사업자와 근로자로 이름 붙인다. 이전에는 사업주를 '갑(甲)', 근로자를 '을(乙)'로 표기하였으나 사회적으로 '갑(甲)질'이 문제가 되며 2015년부터는 사업주, 근로자라는 표현을 쓰고 있다. 각각의 빈칸에 당사자 이름을 적으면 된다.

[표준근로계약서 양식]

<table>
<tr><td>표준근로계약서(기간의 정함이 없는 경우)</td></tr>
<tr><td>______(이하 "사업주"라 함)과(와)_____(이하 "근로자라 함)은 다음과 같이 근로계약을 체결한다. ❶</td></tr>
<tr><td>1. 근로개시일 : 년 월 일부터<br>2. 근무 장소 :<br>3. 업무의 내용 : ❷</td></tr>
<tr><td>4. 소정근로시간 : 시 분부터 시 분까지(휴게시간: 시 분~ 시 분)<br>5. 근무일/휴일: 매주 일(또는 매일 단위)근무, 주휴일 매주 요일 ❸</td></tr>
<tr><td>6. 임금<br>- 월(일, 시간)급: 원<br>- 상여금 : 있음( ) 원, 없음( )<br>· 원, 원<br>· 원, 원<br>- 임금지급일: 매월(매주 또는 매일) 일(휴일의 경우는 전일 지급)<br>- 지급방법: 근로자에게 직접 지급( ), 근로자 명의 통장에 입금( ) ❹</td></tr>
<tr><td>7. 연차유급휴가<br>- 연차유급휴가는 근로기준법에서 정하는 바에 따라 부여함 ❺</td></tr>
<tr><td>8. 사회보험 적용여부(해당란에 체크)<br>☐ 고용보험 ☐ 산재보험 ☐ 국민연금 ☐ 건강보험 ❻</td></tr>
<tr><td>9. 근로계약의 교부<br>- 사업주는 근로계약을 체결함과 동시에 본 계약서를 사본하여 근로자의 교부 요구와 관계없이 근로자에게 교부함(근로기준법 제17호 이행) ❼</td></tr>
<tr><td>10. 근로계약, 취업규칙 등의 성실한 이행의무<br>- 사업주와 근로자는 각자가 근로계약, 취업규칙, 단체협약을 지키고 성실하게 이행하여야 함</td></tr>
<tr><td>11. 기타<br>-이 계약에 정함이 없는 사항은 근로기준법령에 의함 ❽</td></tr>
<tr><td>년 월 일<br><br>(사업주) 사업체명 : (근로자) 주소 :<br>주소 : 연락처 :<br>대표자 : (서명) 성명 : (서명)</td></tr>
</table>

### ❷ 근로계약기간 및 근무내용

• 근로계약기간

근로 시작 날짜를 적는다. 만약 기간이 정해진 근로계약일 때는 종료일도 적는다.

• 근무 장소

일을 수행하는 장소를 적는다.

• 업무의 내용

어떤 일을 할지 업무 내용을 기재한다.

### ❸ 근로시간과 근무일, 휴일

• 소정근로시간

법정근로시간 내에서 하루에 몇 시간을 일할지 협의한 시간을 적는다. 2021년 7월 기준 법정근로시간은 1일 8시간 주 40시간이다. 당사자(사업자와 근로자) 간에 합의하면 1주에 12시간을 한도로 근로시간을 연장할 수 있다(1주 최대 52시간). 15세 이상 18세 미만의 연소근로자는 1일 7시간, 주 35시간을 기준으로 하고 이를 초과할 수 없다.

휴게시간은 근무 중 일정 시간이 넘어가면 제공해야 하는 휴식 시간으로 4시간에 30분, 8시간에 1시간 이상을 주게 되어 있다. 휴게시간은 소정근로시간 안에 포함하여 기재한다.

• 근무일/휴일

일주일 중 며칠을 근무할지 적는다. 정해진 근무일을 모두 출근하였을 때(지각, 조퇴 여부 상관없음) 주휴일(유급휴일)을 어느 요일로 할지 정해서 기재한다.

주휴일이란 주 평균 15시간 이상 근무하는 근로자가 1주일 중 정해진 근무일을 모두 출근했을 때 1주일에 1회 이상 급여를 주며 제공하는 휴일을 뜻한다. 만약 1주일 중 월요일부터 금요일까지 5일 동안 매일 8시간 근무하는 근로자가 한 주 동안 모두 출근했다면 토요일과 일요일 중 하루(보통 일요일이지만 정해진 건 아니다)를 주휴일로 지정하고, 이 주휴일에는 일하지 않아도 8시간만큼의 임금(주휴수당)을 줘야 한다.

---

★ 저는 1주일에 30시간만 일합니다. 그럼 저는 주휴수당으로 얼마를 받아야 하나요?

주 근로시간이 40시간 미만인 근로자는 아래와 같이 계산하여 주휴수당을 받게 됩니다.

$$\frac{\text{1주일 총 근로시간}}{\text{40(시간)}} \times 8 \times \text{시급}$$

★ 저는 월급을 받는데 그럼 월급에 주휴수당을 더 받아야 하는 것 아닌가요?

월급을 받는 근로자는 대부분 월급에 주휴수당이 포함된 경우가 많아요. 정확한 확인을 위해서는 회사의 월급 담당자에게 문의해보는 게 좋습니다.

### ❹ 임금

가장 중요한 내용이라고 할 수 있는 임금 관련 내용도 계약서에 명시한다. 임금 관련 내용은 아래와 같다.

- 월(일, 시간)급

임금을 1시간 기준으로 하는 시간급, 1주일 단위로 하는 주급, 1개월 기준으로 하는 월급 중 어떤 것으로 정할지 표기한다.

- 상여금

상여금이란 임금 이외에 특별히 지급되는 급여로 일명 '보너스'라고 한다. 만약 상여금이 있다면 관련 내용과 금액을 적는다.

- 기타급여

가족 수당, 자격증 수당을 지급하기로 했다면 관련 내용을 적는다.

- 임금지급일

임금을 언제 지급할 것인지 적는다.

- 지급방법

임금 지급을 어떤 방법으로 할지 적는다.

★ 임금은 얼마를 기준으로 작성하면 될까요?

2022년 최저임금은 시간당 9,160원이에요. 하루 8시간, 주5일 근무를 생각했을 때 월급으로 계산하면 주휴수당을 포함해 1,914,440원이 되겠네요.

★ 교육기간이나 수습기간에는 최저임금 이하로 받아도 되는 건가요?

교육기간에도 최저임금은 지켜져야 해요. 단, 1년 이상 근로계약을 했다면 수습기간 동안은 최저임금의 최대 10%를 차감하여 지급할 수 있어요. 하지만 그 기간이 3개월을 초과해서는 안 돼요.

### ❺ 연차유급휴가

연차유급휴가는 출근은 안 하지만 출근한 것처럼 통상임금을 받을 수 있는 것을 말한다. 이와 반대로 임금을 받지 않고 쉬는 무급휴가도 있다. 연차유급휴가는 다음과 같이 부여한다. 1년 이상 근무한 근로자가 총 소정근로일의 80% 이상 출근했다면 15일을 부여한다. 1년을 초과하여 근무한 근로자의 경우 2년마다 1일씩 연차유급휴가를 추가해준다. 단, 1년 한도는 최대 25일이다. 만약 1년 미만 근로하거나 1년간 80% 미만 출근한 근로자라면 1개월 개근할 때마다 1일을 부여한다.

★ 연차유급휴가를 다 쓰지 못하면 어떻게 되나요?

부여받은 연차유급휴가를 다 사용하지 못하면 남은 연차유급휴가일수만큼 통상임금 또는 평균임금만큼의 급여를 받을 수 있어요. 그래서 회사에서는 연말에 남은 연차유급휴가를 모두 사용하도록 독려하는 경우도 많아요.

## ❻ 사회보험 적용여부

사회보험이란 흔히 4대사회보험 혹은 4대보험이라고도 말하며 고용보험, 산재보험, 국민연금, 건강보험을 일컫는다. 근로자가 월 60시간 이상(주 15시간 이상) 일한다면 계약서에 반드시 4대보험 가입 내용이 있어야 한다. 만약 주 15시간 미만으로 일하더라도 산재보험은 반드시 포함되어야 한다.

• 고용보험

고용보험은 세금을 떼기 전 월급에서 0.8%를 근로자가, 0.8%를 사업자가 부담한다. 세전월급이 200만 원이라면 근로자와 사업자 모두 각각 16,000원을 고용보험료로 적립해두는 것이다. 그러다가 근로자가 일자리를 잃었을 때, 일정 기간 실업급여를 지급해서 실직 근로자의 생활을 보장해주는 사회보험이다.

• 산재보험

산재보험이란 근로자가 일하는 도중 발생하는 질병, 부상, 사망 등의 재해를 보상하기 위한 사회보험이다. 산재보험은 보험료의 100%를 사업자가 부담한다. 그리고 일반 사보험과 달리 재해를 입은 근로자의 과실이 있든 없든 보상받을 수 있다.

• 국민연금

국민연금은 나이가 들거나, 장애가 생기거나, 목숨을 잃어서 소득활동을 못 할 때 국가가 생활 보장을 위해 정기적으로 지급하는 돈이다. 18세 이상 60세 미만의 국내 거주 국민은 강제적으로 가입하게 된다. 월 소득액의 4.5%를 근로자와 사업주가 각각 부담한다. 소득에 따라 최저 14,850원부터 최대 235,800원까지 납부하게 된다(2021. 7. 근로자 부담금 기준).

• 건강보험

아프거나 다치지 않는 게 가장 좋지만 사람 인생이라는 건 마음대로 되지 않는다. 가벼운 질병이라면 모를까 고액의 수술비나 치료비가 필요한 경우라면 가계에 큰 부담이 된다. 이를 대비하여 평소에 보험료를 내고 질병이나 사고 등으로 병원 진료 또는 치료를 받아야 할 때 보험금을 지급하는 사회보험이다. 월 보수액 기준으로 근로자가 3.43%, 사업주가 3.43%를 부담한다. 여기에 장기요양보험료로 건강보험료의 11.52%를 근로자와 사업주가 반반씩 부담한다. 만약 월 급여가 200만 원이라면 근로자가 부담하는 건강보험료는 68,600원, 장기요양보험료는 7,900원이 된다.

★ 4대보험에 가입하지 않아도 되나요?

4대보험은 강제가입이 특징이랍니다. 보험료를 내기 싫어도 의무적으로 가입해야 해요.

★ 4대보험은 제가 직접 내는 건가요? 어디에 내면 되나요?

급여를 받는 근로자는 대부분 회사에서 4대보험료를 원천징수하고 급여를 지급해요.

### ❼ 근로계약서 교부

근로계약서는 근로자가 요구하지 않아도 1부를 근로자에게 줘야 한다. 만약 이를 지키지 않으면 사업자는 과태료를 물게 된다. 아르바이트 등 기간제 근로자나 단기간 근로자도 해당한다.

★ 근로계약서를 달라고 말을 못 했어요. 제가 말하지 않아서 계약서를 못 받았는데 저는 할 말이 없는 건가요?

근로계약서는 근로자의 요구와 상관없이 근로자에게 교부되어야 해요. 만약 근로계약서를 작성하지 않거나, 작성했지만 이를 근로자에게 주지 않으면 사업자에게 500만 원 이하의 벌금이나 과태료를 부과할 수 있어요.

### ❽ 기타 사항

근로계약과 관련한 모든 내용을 계약서 한두 장에 담기가 어려울 수 있다. 이때는 '계약서에 명시되지 않은 내용은 근로기준법을 따른다'는 조항을 넣어두면 된다.

---

**★ 계약서는 언제 작성하는 게 좋을까요?**

계약서는 사업체에 채용되는 즉시 작성하는 게 좋아요. 그게 어렵다면 적어도 근로 시작 전에는 작성해두어야 해요.

**★ 계약서에 들어가는 내용이 많은데 이중 꼭 넣어야 하는 내용은 뭔가요?**

임금, 근로 장소나 업무, 근로시간, 주휴일, 연차유급휴가와 관련한 내용은 계약서에 꼭 들어가야 해요.

**★ 만약 처음 계약한 내용에서 근무시간이나 급여 등이 달라진다면 어떻게 해야 하나요?**

근무시간이나 급여 등 계약 내용이 달라졌다면 계약서를 새로 작성해야 해요.

**★ 계약서를 이미 작성했는데 근무시간이나 임금이 근로기준법에 못 미치는 걸 뒤늦게 알았어요. 어떻게 해야 할까요?**

법을 지키지 않은 내용으로 계약을 맺었다면 그 내용은 무효가 되고 근로기준법상 기준이 적용돼요. 하지만 근로계약 자체가 무효가 되지는 않아요.

# 부동산 임대차 계약서

임대차라는 말은 임대와 임차로 나누어 볼 수 있다. 임대란 돈을 받고 자기 물건을 다른 사람에게 빌려주는 것을 의미한다. 반면 임차는 돈을 내고 남의 물건을 빌려 쓰는 것을 뜻한다. 그리고 물건을 빌려주는 사람을 임대인, 빌려 쓰는 사람을 임차인이라고 한다. 이 임대와 임차라는 두 단어를 합친 '임대차'는 물건을 빌려주고 빌려 쓰는 것을 말하고, 임대차 계약서는 물건을 빌려주고 빌려 쓰는 것에 관한 내용을 담은 계약서이다.

내가 사용하는 물건이 모두 내 것이라면 좋겠지만, 우리가 가진 돈은 한정되어 있고 물건의 개수도 유한하다. 따라서 우리는 다양한 물건을 빌려서 사용한다. 자동차를 빌려 쓰기도 하고 캠핑 장비를 빌리기도 한다. 자동차나 캠핑 장비를 빌려주거나 빌려 쓰는 것도 임대차다. 여러 임대차 관련 계약서가 있지만, 이번 장에서는 우리 삶 속에서 중요한 계약서 중 하나인 부동산 임대차 계약서에 대해 알아보도록 하자.

## 부동산이란 무엇인가?

### • 부동산의 의미

'부동산'이라는 단어는 우리 일상에서 흔히 사용되고 있다. 대부분 아파트나 주택처럼 우리가 사는 '집'을 부동산이라고 이야기하는 것을 들어보았을 것이다. 또는 길가의 상가 건물에 자리잡은 공인중개업체(일명 복덕방)를 떠올리는 사람도 있을 것이다. 그렇다면 과연 부동산의 정확한 뜻은 무엇일까?

부동산의 의미를 알아보기 전에 반대말인 '동산'에 대해 살펴보자. 동산(動産)에서 동은 '움직인다'라는 뜻이 있다. 즉, 동산이란 사물 모양이나 상태, 성질 따위를 바꾸지 않고 옮길 수 있는 재산을 뜻한다. 다시 말해 이동시킬 수 있는 재산이다. 돈, 증권, 자동차나 선박이 동산이라고 할 수 있다.

부동산은 이 동산이란 단어 앞에 '아니다'라는 뜻을 가진 한자인 불(不)자가 붙어 사용되는 단어이다. 즉, 부동산은 움직일 수 없는 재산을 뜻한다. 땅, 땅 위에 지어진 건축물 등이 부동산이다. 참고로 아닐 불(不)자가 ㄷ, ㅈ, ㅅ 앞에 올 때는 '부'자로 읽고 쓴다. 그래서 '불동산'이 아니라 '부동산'이라고 쓰고 읽는다.

### • 부동산 임대차 계약서

인간이 살아가는 데 있어 꼭 필요한 세 가지를 의식주라고 한다. 이중 '주'는 집을 뜻한다. 내가 하루를 보내고 편히 쉴 수 있는 곳, 추위와 더위에서 벗어날 수 있는 곳, 내 사생활을 보호받고 누릴 수 있는 곳이 바로 집이다. 집은 꼭 필요하지만 가격이 만만치 않다. 모두가 자신의 집을 가진다면 좋겠지만, 안타깝게도 현실은 그렇지 못하다. 특히 이제 막 사회에 나온 사회 초년생이 내 집을 갖기란 사실상 불가능하다(부모님 도움을 받는다면 가능하겠지만). 그래서 많은 사람이 집을 빌려서 생활한다. 즉, 집이라는 부동산을 임대인으로부터 임차해서 사용하는 것이다. 이때 빌려주고 빌려 쓰는 내용에 대한 계약서를 작성하게 된다. 물론 공인중개사를 통해 계약서를 작성할 수도 있지만, 그렇다 하더라도 계약서 내용에 관해서는 나도 잘 알고 있어야 한다. 부동산 임대차 계약서에도 내가 모든 내용에 동의했고 책임지겠다는 의미인 서명이나 날인이 들어가기 때문이다.

### 부동산 임대차 계약서 살펴보기

부동산 임대차 계약서도 정해진 양식은 없다. 하지만 법무부에서 부동산관련 법률을 참고하여 기준이 될 만한 주택임대차 표준계약서 양식을 업로드 해두었다. 지금부터 이 주택임대차계약서를 기준으로 내용을 살펴보자.

[주택 임대차 계약서 양식]

# 주택임대차계약서

□보증금 있는 월세
□전세 □월세

임대인( )과 임차인( )은 아래와 같이 임대차 계약을 체결한다 ❶

## [임차주택의 표시] ❷

| 소 재 지 | | | | |
|---|---|---|---|---|
| 토 지 | 지목 | | 면적 | ㎡ |
| 건 물 | 구조·용도 | | 면적 | ㎡ |
| 임차할부분 | | | 면적 | ㎡ |

| 미납 국세 | 선순위 확정일자 현황 | 확정일자 부여란 |
|---|---|---|
| □ 없음<br>(임대인 서명 또는 날인 ________ ㊞)<br>□ 있음(중개대상물 확인설명서 제2쪽 II. 개업공인중개사 세부 확인사항 '⑨ 실제 권리관계 또는 공시되지 않은 물건의 권리사항'에 기재) | □ 해당 없음<br>(임대인 서명 또는 날인 ________ ㊞)<br>□ 해당 있음(중개대상물 확인·설명서 제2쪽 II. 개업공인중개사 세부 확인사항 '⑨ 실제 권리관계 또는 공시되지 않은 물건의 권리사항'에 기재) | |

**유의사항**: 미납국세 및 선순위 확정일자 현황과 관련하여 개업공인중개사는 임대인에게 자료제출을 요구할 수 있으나, 세무서와 확정일자부여기관에 이를 직접 확인할 법적권한은 없습니다. ※ 미납국세·선순위확정일자 현황 확인방법은 "별지" 참조

## [계약내용]

**제1조(보증금과 차임)** 위 부동산의 임대차에 관하여 임대인과 임차인은 합의에 의하여 보증금 및 차임을 아래와 같이 지불하기로 한다. ❸

| 보 증 금 | 금 원정(₩ ) |
|---|---|
| 계 약 금 | 금 원정(₩ )은 계약시에 지불하고 영수함. 영수자 ( 인) |
| 중 도 금 | 금 원정(₩ )은 ______년 ______월 ______일에 지불하며 |
| 잔 금 | 금 원정(₩ )은 ______년 ______월 ______일에 지불한다 |
| 차임(월세) | 금 원정은 매월 일에 지불한다(입금계좌: ) |

**제2조(임대차기간)** 임대인은 임차주택을 임대차 목적대로 사용·수익할 수 있는 상태로 ______년 ____월 ____일까지 임차인에게 인도하고, 임대차기간은 인도일로부터 ______년 ______월 ______일까지로 한다. ❹

**제3조(입주 전 수리)** 임대인과 임차인은 임차주택의 수리가 필요한 시설물 및 비용부담에 관하여 다음과 같이 합의한다. ❺

| 수리 필요 시설 | □ 없음 □ 있음(수리할 내용: ) |
|---|---|
| 수리 완료 시기 | □ 잔금지급 기일인 ______년 ____월 ____일까지 □ 기타 ( ) |
| 약정한 수리 완료 시기까지 미 수리한 경우 | □ 수리비를 임차인이 임대인에게 지급하여야 할 보증금 또는 차임에서 공제<br>□ 기타( ) |

**제4조(임차주택의 사용·관리·수선)** ① 임차인은 임대인의 동의 없이 임차주택의 구조변경 및 전대나 임차권 양도를 할 수 없으며, 임대차 목적인 주거 이외의 용도로 사용할 수 없다. ❻

② 임대인은 계약 존속 중 임차주택을 사용·수익에 필요한 상태로 유지하여야 하고, 임차인은 임대인이 임차주택의 보존에 필요한 행위를 하는 때 이를 거절하지 못한다.

③ 임대인과 임차인은 계약 존속 중에 발생하는 임차주택의 수리 및 비용부담에 관하여 다음과 같이 합의한다. 다만, 합의되지 아니한 기타 수선비용에 관한 부담은 민법, 판례 기타 관습에 따른다.

| 임대인부담 | ( 예컨대, 난방, 상하수도, 전기시설 등 임차주택의 주요설비에 대한 노후·불량으로 인한 수선은 민법 제623조, 판례상 임대인이 부담하는 것으로 해석됨 ) |
|---|---|
| 임차인부담 | ( 예컨대, 임차인의 고의·과실에 기한 파손, 전구 등 통상의 간단한 수선, 소모품 교체 비용은 민법 제623조, 판례상 임차인이 부담하는 것으로 해석됨 ) |

④ 임차인이 임대인의 부담에 속하는 수선비용을 지출한 때에는 임대인에게 그 상환을 청구할 수 있다.

**제5조(계약의 해제)** 임차인이 임대인에게 중도금(중도금이 없을 때는 잔금)을 지급하기 전까지, 임대인은 계약금의 배액을 상환하고, 임차인은 계약금을 포기하고 이 계약을 해제할 수 있다.

**제6조(채무불이행과 손해배상)** 당사자 일방이 채무를 이행하지 아니하는 때에는 상대방은 상당한 기간을 정하여 그 이행을 최고하고 계약을 해제할 수 있으며, 그로 인한 손해배상을 청구할 수 있다. 다만, 채무자가 미리 이행하지 아니할 의사를 표시한 경우의 계약해제는 최고를 요하지 아니한다.

**제7조(계약의 해지)** ① 임차인은 본인의 과실 없이 임차주택의 일부가 멸실 기타 사유로 인하여 임대차의 목적대로 사용할 수 없는 경우에는 계약을 해지할 수 있다.

② 임대인은 임차인이 2기의 차임액에 달하도록 연체하거나, 제4조 제1항을 위반한 경우 계약을 해지할 수 있다.

❼

**제8조(계약의 종료)** 임대차계약이 종료된 경우에 임차인은 임차주택을 원래의 상태로 복구하여 임대인에게 반환하고, 이와 동시에 임대인은 보증금을 임차인에게 반환하여야 한다. 다만, 시설물의 노후화나 통상 생길 수 있는 파손 등은 임차인의 원상복구의무에 포함되지 아니한다.

**제9조(비용의 정산)** ① 임차인은 계약종료 시 공과금과 관리비를 정산하여야 한다.

② 임차인은 이미 납부한 관리비 중 장기수선충당금을 소유자에게 반환 청구할 수 있다. 다만, 관리사무소 등 관리주체가 장기수선충당금을 정산하는 경우에는 그 관리주체에게 청구할 수 있다.

**제10조(중개보수 등)** 중개보수는 거래 가액의 ____________% 인 ________________원(□ 부가가치세 포함 □ 불포함)으로 임대인과 임차인이 각각 부담한다. 다만, 개업공인중개사의 고의 또는 과실로 인하여 중개의뢰인간의 거래행위가 무효·취소 또는 해제된 경우에는 그러하지 아니하다.

**제11조(중개대상물확인·설명서 교부)** 개업공인중개사는 중개대상물 확인·설명서를 작성하고 업무보증관계증서(공제증서 등) 사본을 첨부하여 __________년__________월__________일 임대인과 임차인에게 각각 교부한다.

❽

**[특약사항]**

상세주소가 없는 경우 임차인의 상세주소부여 신청에 대한 소유자 동의여부( □ 동의 □ 미동의)

**본 계약을 증명하기 위하여 계약 당사자가 이의 없음을 확인하고 각각 서명날인 후 임대인, 임차인, 개업공인중개사는 매 장마다 간인하여, 각각 1통씩 보관한다.**

년 월 일

| | | | | | | | |
|---|---|---|---|---|---|---|---|
| 임대인 | 주소 | | | | | | 서명 또는 날인㊞ |
| 임대인 | 주민등록번호 | | 전화 | | 성명 | | |
| 임대인 | 대리인 | 주소 | 주민등록번호 | | 성명 | | |
| 임차인 | 주소 | | | | | | 서명 또는 날인㊞ |
| 임차인 | 주민등록번호 | | 전화 | | 성명 | | |
| 임차인 | 대리인 | 주소 | 주민등록번호 | | 성명 | | |
| 중개업자 | 사무소소재지 | | | 사무소소재지 | | | |
| 중개업자 | 사무소명칭 | | | 사무소명칭 | | | |
| 중개업자 | 대표 | 서명 및 날인 ㊞ | | 대표 | 서명 및 날인 ㊞ | | |
| 중개업자 | 등록번호 | | 전화 | 등록번호 | | 전화 | |
| 중개업자 | 소속공인중개사 | 서명 및 날인 ㊞ | | 소속공인중개사 | 서명 및 날인 ㊞ | | |

## ❶ 임대의 종류

집을 빌려 쓰는 방법에는 크게 전세와 월세가 있다. 내가 빌려 쓸 집을 찾아볼 때는 우선 전세로 빌릴 것인지 월세로 빌릴 것인지 정해야 한다.

• 월세

월세는 임차인이 임대인에게 한 달 단위로 집세를 내는 임대차 계약방식이다. 월세 50만 원인 집을 빌려 쓴다면 매달 집주인에게 집을 빌려 쓰는 대가로 50만 원을 줘야 한다는 의미다. 만약 월 50만 원에 2년간 월세 계약을 맺었다면 임대인은 24개월 치의 월세인 1,200만 원을 얻는 것이다. 반면 임차인은 1,200만 원을 지출하게 된다.

• 전세

전세란 임차인이 임대인에게 전세금을 내고 집을 빌리는 임대차 계약방식이다. 월세는 따로 내지 않는다. 전세는 전 세계적으로 찾아보기 힘든 독특한 계약 방식이다. 그 이유는 전세 계약 방식이 임차인에게 유리한 구조이기 때문이다. 임차인은 임대차 계약을 할 때 전세금을 내고, 계약이 끝나면 냈던 전세금을 그대로 돌려받는다. 만약 전세금 1억을 주고 2년 계약을 맺었다면, 임차인은 계약을 맺을 때 1억을 임대인에게 주고 계약이 끝나면 1억을 그대로 돌려받는다. 반면, 임대인은 1억을 받았지만, 계약이 끝나면 1억을 그대로 임차인에게 돌려주어야 한다. 월세도 따로 받지 않으므로 임대인에게 남는 돈은 없다.

### ★ 그럼 집주인(임대인)은 당연히 월세계약을 해야 좋은 거 아닌가요? 돈을 그대로 돌려주어야 하는데 왜 전세계약을 하나요?

단순히 생각하면 전세계약은 집주인(임대인)에게 아무런 소득이 없는 것처럼 보입니다. 하지만 다른 부분까지 생각해볼까요? 전세금 1억으로 2년짜리 계약을 맺은 '임대인'과 '임차인' 입장에서 각각 생각해봅시다.

먼저 세입자(임차인)는 2년 동안 집을 빌려 쓰는 대가로 1억의 전세금을 냈습니다. 이 1억은 2년 뒤에 그대로 돌려받게 되겠죠. 하지만 이 1억을 연이자 2%, 2년짜리 예금에 가입했다면 어떻게 될까요? 2년 뒤에 400만 원의 이자를 받았을 거예요(비과세, 단리 기준). 한 달로 계산하면 매달 16만 원 정도의 이자소득을 얻을 기회가 사라진 거죠. 계약이 끝난 뒤 1억을 고스란히 받으므로 손해 보지 않는다는 생각이 들지만, 사실 이 1억으로 얻을 수 있는 이자나 투자 수익을 포기한 것입니다.

전세금을 받은 집주인(임대인)은 어떨까요? 임차인에게 받은 1억을 2년 동안 안방 장롱에 그대로 보관하지는 않을 테죠. 임대인이 위에서 이야기한 똑같은 조건의 예금에 가입하면 400만 원의 이익을 얻을 수 있어요. 그게 아니라도 투자를 위한 종잣돈으로 사용할 수도 있겠죠.

만약 집주인(임대인)이 대출을 받아 집을 구매했다면 또 다른 효과가 발생합니다. 만약 집주인이 3억짜리 집을 구매하며 2억을 은행에서 대출했다고 생각해볼까요? 2억이라는 돈을 빌렸지만 전세계약을 맺어 세입자로부터 1억을 받았으니 사실상 은행에 진 빚은 1억이 되는 효과가 생깁니다. 즉, 집을 구매하는 비용을 세입자(임차인)가 함께 부담했지만, 집의 주인은 내가 되는 거죠. 이를 흔히 '갭(gap)투자'라고도 해요.

## ❷ 임차주택의 표시

• 소재지~임차할 부분

소재지, 토지, 건물, 임차할 부분 등을 적는다. 정확하게 어느 건물의 어느 곳을 빌리는지 기록한다.

• 미납국세 확인

부동산을 소유한 사람이 국세를 체납하면 해당 부동산이 경매나 공매로 처분될 수 있다. 이때, 임차보증금을 돌려받지 못하는 상황이 생길 수 있는데, 이를 사전에 피하려면 '미납국세 열람'을 활용하자. 집주인(임대인)의 서명이나 날인이 된 '미납국세 등 열람신청서'와 임대인과 임차인의 신분증명서류(신분증 사본도 가능)를 챙겨 임차할 건물 소재지의 관할 세무서에 접수하면 미납국세 내역을 확인할 수 있다.

• 확정일자

확정일자란 그 일자에 임대차 계약서가 존재했다는 사실을 증명하는 것이다. 2021년 6월부터는 전월세신고제를 시행하므로 임대차 계약서를 작성하면 계약 내용을 의무적으로 신고해야 한다. 계약신고를 하면 확정일자가 자동으로 부여된다.

### ★ 확정일자는 왜 받아야 하는 건가요?

여러 가지 이유로 내가 빌려서 사는 집이 경매에 넘어갈 수 있어요. 이때 우선으로 내 돈을 돌려받을 수 있는 권리(우선변제권)를 갖기 위한 조건 중 하나가 확정일자예요. 즉, 전세금이나 보증금을 돌려받을 수 있는 우선순위를 갖게 되는 거죠.

### ★ 확정일자만 받으면 우선변제권을 갖게 되나요?

아니요. 우선변제권을 가지려면 점유, 전입신고, 확정일자 세 가지가 필요해요. 점유는 실제로 내가 그 집에 사는 것을 말해요. 전입신고는 임차한 집의 관할 행정복지센터에 방문해서 전입신고서를 작성하면 됩니다. 여기에 확정일자까지 받았다면 우선변제권을 갖게 됩니다.

### ★ 전월세신고제가 무엇인가요?

전월세신고제란 2021년 6월 1일부터 시행된 제도로 수도권, 광역시, 세종시, 각 도의 시 지역에서 임차보증금 6,000만 원, 월세 30만 원 이상인 모든 임대차 계약 내용을 신고하는 제도예요. 전월세신고를 하면 자동으로 확정일자가 부여돼요.

### ★ 임차보증금 6,000만 원 이하이거나 월세 30만 원 이하는 전월세신고 대상이 아닌데 그럼 확정일자를 못 받나요?

임대차 계약서 원본을 가지고 해당 부동산 소재지 행정복지센터나 법원, 등기소에 가서 확정일자를 받을 수 있어요.

### ❸ 보증금과 차임

• 보증금

임차인이 임대인에게 주는 돈이라고 생각하면 된다. 계약이 끝나면 보증금을 임차인에게 되돌려주어야 한다. 만약 임차인이 정해진 월세를 주지 않으면 보증금에서 밀린 월세만큼을 제외하고 돌려주게 된다. 전세계약일 때는 전세금이 보증금이 된다.

• 계약금

계약을 맺을 때 계약을 취소할 수 없도록 지급하는 돈이다. 보통 전체 보증금 금액의 10%를 계약금으로 낸다. 만약 전세 보증금이 1억이라면 1,000만 원을 계약금으로 내야 한다. 물론 임대인과 임차인이 의논하여 조정할 수 있다. 계약금으로 보증금 전액을 지급해도 상관없다. 하지만 계약금을 낸 후 사정상 계약을 취소하게 되더라도 계약금은 돌려받을 수 없다.

---

★ 계약금을 1,000만 원이나 냈는데 집주인이 계약을 취소했어요. 이때도 계약금을 받지 못하는 건가요?

아니에요. 계약금을 낸 사람(임차인)이 계약을 취소할 때는 계약금을 돌려받지 못하지만, 계약금을 받은 사람(임대인)이 취소했을 때에는 오히려 배액배상을 해야 합니다. 배액배상은 임대인이 계약을 취소하면 받은 계약금의 2배를 물어주는 것을 말해요. 만약 계약금으로 1,000만 원을 냈는데, 임대인이 계약을 취소한다면 2,000만 원을 임차인에게 줘야 하는 거죠. 임대차 계약서에는 꼭 이 조항이 들어있어야 해요. 하지만 중도금이나 잔금을 낸 뒤에는 계약을 해지할 수 없어요.

• 중도금

계약금을 내고 나서 잔금을 내기 전에 지불하는 돈이다. 부동산 계약과 같이 큰돈이 필요한 계약에서는 모든 비용을 한 번에 내기가 어려울 수 있다. 그래서 중도금을 설정하여 부담을 줄이는 것이다. 중도금은 한 번에 낼 수도 있고, 여러 번에 걸쳐 나누어 낼 수도 있다. 물론 중도금 없이 계약금과 잔금만 설정해도 상관없다.

• 잔금

잔금이란 남아있는 돈을 의미한다. 내야 할 보증금 중 이미 낸 계약금과 중도금을 제외하고 남은 돈을 말한다.

• 차임(월세)

월세로 임대차 계약을 맺는다면 월세 금액을 적는다. 이때 매달 월세를 납부할 계좌번호와 납부 일자도 함께 적는다.

### ❹ 임대차기간

부동산을 빌려주고 빌려 쓰는 기간을 뜻한다. 임대차기간은 주로 2년을 기준으로 한다. 2년 미만으로 설정할 수도 있지만, 2년 미만으로 계약하더라도 계약내용은 2년으로 보장된다. 이는 세입자(임차인)가 2년간은 이사 걱정 없이 살 수 있도록 보호하기 위해 마련된 법이다.

★ 임대차 기간이 지났어요. 그런데 집주인이 별 말을 안해서 계속 지내고 있는데, 계약이 끝난 집에서 무단으로 살고 있는 건 아닌지 걱정돼요.

계약서에 명시한 기간이 지났는데, 집주인이나 세입자가 별다른 말을 안하면 똑같은 조건으로 계약을 연장하는 것이라고 보면 돼요. 이걸 '묵시적 동의'라고 하죠. 집주인(임대인)은 임대차기간이 끝나기 6개월~1개월 전까지 계약을 끝내겠다고 통지해야 해요. 서로 계약을 끝내겠다는 이야기를 하지 않으면 자동으로 계약이 2년 연장되는 거죠.

★ 계약기간이 남았는데 갑자기 이사해야 하는 상황이에요. 이럴 땐 어떻게 하죠?

임차인은 언제든지 계약 해지를 통지할 수 있어요. 그런데 임대인이 보증금을 돌려줄 여유가 있다면 문제가 없는데, 당장 큰돈이 없다면 난감하겠죠. 그래서 되도록 3개월 정도 여유를 두고 이사 예정이라고 이야기해야 합니다. 임대인에게 다음 임차인을 구할 시간을 주는 거죠. 법에도 계약해지를 통보한 날로부터 3개월이 지나야 효력이 발생한다고 나와 있어요.

★ 임대차기간이 지나서 이사하려는데 집주인이 보증금을 돌려주지 않아요. 계약서상 계약기간이 끝나서 계약서 내용이 무효가 될까 봐 불안해요.

임대차기간이 끝났더라도 임차인이 보증금을 받지 못했다면 보증금을 받을 때까지 임대차 계약관계에 있는 것으로 봐요. 그러니 걱정할 필요 없겠죠?

★ 계약기간이 남았는데 집주인이 바뀌었어요. 계약서를 다시 써야 하나요?

계약기간 중 임대인이 바뀌더라도 계약서를 다시 쓸 필요는 없어요. 이전 임대인과 맺은 계약이 그대로 유지되거든요.

## ❺ 입주 전 수리

집이라는 것은 시간이 지나면 자연스레 낡게 되어 수리가 필요해진다. 그리고 집을 수리를 할 때는 수리비용이 발생한다. 따라서 계약 전에 내가 살게 될 집을 직접 살펴보고 수리가 필요하다면 이를 집주인에게 요구해야 한다. 이때 수리비용에 대한 내용도 계약서에 기록해두는 것이 좋다.

## ❻ 입주 후 수리

입주 전에 수리를 마쳤더라도 생활하다 보면 집을 다시 수리해야 하는 상황이 올 수 있다. 이와 관련해 임대차 계약서에 들어가는 내용을 살펴보자.

• 구조변경/전대/임차권 양도 불가

임차한 집은 내 집이 아니므로 집의 구조를 함부로 바꾸어서는 안 된다. 당연한 이야기겠지만 벽을 허물거나 마음대로 리모델링해서는 안 된다는 이야기다. 물론 임대인이 동의한다면 상관없다.

전대라는 것은 빌린 것을 다시 다른 사람에게 빌려주는 것을 말한다. 내가 계약한 집을 다른 사람에게 다시 빌려주고 내가 월세를 받는 것은 안 된다는 뜻이다. 임차권 양도 또한 같은 맥락이다.

당연한 이야기지만 빌려 쓴 물건은 최대한 원래 상태 그대로 돌려주어야 한다. 집도 마찬가지다. 시간이 지나며 자연스레 낡은 부분이야 어쩔 수 없지만 그게 아니라면 최대한 깨끗하게 사용하는 게 기본이다.

계약기간에 발생하는 수리비용은 일반적인 관례에 따르는 경우가 많다. 보일러, 수도 등은 임대인이, 전구 등의 소모품은 임차인이 비용을 부담한다.

---

**★ 전세나 월세로 들어간 집에 못을 박아도 되나요?**

집주인에게 물어보는 게 가장 좋아요. 하지만 집주인으로선 벽이 훼손될 수 있는 못질이 반가울 리 없겠죠? 그래서 못하게 하는 경우가 많아요.

## ❼ 계약을 해지할 수 있는 경우

임대차 계약에는 계약금, 중도금, 잔금, 차임(월세) 등, 내야 할 돈에 관한 내용이 많다. 이때 내야 할 돈을 제때 내지 않으면 계약을 해지할 수 있다. 6조의 내용 중 '최고'라는 말의 뜻은 '상대편에게 일정한 행위를 하도록 독촉하는 통지를 하는 일'을 뜻한다. 즉 내야 할 돈을 제때 내지 않았을 때는 기간을 정해 독촉하고 그래도 지키지 않으면 계약을 해지할 수 있다는 것이다. 임차인이 돈을 내지 않을 경우 임대인은 배액배상을 하지 않아도 된다. 또 임차인이 월세를 2개월 이상 연체했을 때 임대인은 계약을 해지할 수 있다.

### ❽ 공인중개사

부동산 임대차 계약을 할 때는 챙겨야 할 서류도 많고, 확인해야 할 사항도 많다. 임대인과 임차인이 직접 계약을 진행할 수도 있지만, 계약을 처음 해보는 사람은 시간이나 노력이 많이 들고 제대로 알지 못해 오히려 손해를 볼 수도 있다. 그래서 대부분 공인중개사를 통해 임대차 계약을 진행한다.

이때 공인중개사의 중개 대가로 보수를 지급하게 된다. 보수 금액은 임대차 계약의 종류(전세 임대차/월세 임대차)와 보증금 등에 따라서 달라진다. 보통 보증금의 몇 %로 계산하는데, 법으로 최대 퍼센테이지(%)가 정해져 있다. 이를 상한요율이라고 하며, 상한요율은 지역에 따라 다르다. 서울의 월세 임대차 중개보수 요율은 다음과 같다.

[서울 주택 월세 임대차 중개보수 요율표]

| 거래금액(보증금) | 상한요율 | 한도액 |
|---|---|---|
| 5천만 원 미만 | 0.50% | 20만 원 |
| 5천만 원이상 1억 원 미만 | 0.40% | 30만 원 |
| 1억 원 이상 3억 원 미만 | 0.30% | 없음 |
| 3억 원 이상 6억 원 미만 | 0.40% | 없음 |
| 6억 원 이상 | 0.80% | 없음 |

만약 서울에서 보증금 5천만 원의 월세 임대차 계약을 공인중개사를 통해 맺는다면 최대 30만 원의 중개보수를 내야 한다. 보증금 3억 5천만 원의 월세 임대차 계약이라면 최대 160만 원의 중개보수를 내야 한다. 물론 협의를 통해 더 낮은 보수율로 계산할 수도 있다.

---

★ 중개 보수는 임대인이 내는 건가요? 임차인이 내는 건가요?

중개 보수는 임대인과 임차인이 모두 냅니다. 중개보수 요율표에 따라 계산한 금액이 30만 원이라면 부동산 공인중개사는 임대인과 임차인에게서 각각 30만 원씩 총 60만 원의 중개보수를 받게 되죠.

# 소중한 내 돈을 지키는 방법

대부분 부동산 임대차 계약을 맺을 때는 보증금을 내야 한다. 계약에 따라 적게는 몇백만 원에서 많게는 몇억까지의 보증금을 임대인에게 지급한다.

이때 보증금으로 낸 돈은 누군가에게는 전재산일 수도 있고, 부모님이나 은행에서 어렵게 빌린 돈일 수도 있다. 이렇게 소중한 보증금을 돌려받지 못하는 상황이 온다면 한 사람 인생이 절망 속으로 빠지는 건 시간문제다. 돈이 인생의 전부는 아니지만, 돈이 사람의 인생을 순식간에 앗아가는 일이 많은 것 또한 사실이다. 누군가는 시간이 한참 지난 후 '인생의 수업료'를 지불했다고 추억할 수도 있겠지만, 그런 수업료는 지불하지 않는 게 가장 좋다. 따라서 이런 일이 벌어지지 않도록 내 보증금을 지키는 방법을 잘 알고 있어야 한다.

## 계약 전에 등기사항전부증명서(등기부등본) 확인하기

부동산 임대차 계약을 맺기 전 반드시 확인해야할 게 두 가지 있다. 첫 번째는 나와 계약하는 사람이 정말 그 집의 주인이 맞는지 확인해야 한다. 만약 나와 계약한 임대인이 실제 그 집의 주인이 아니라면 내가 맺은 계약은 효력이 없어진다. 설상가상 가짜 주인이 잠적까지 한다면 계약한 집에 들어가서 살 수 없을 뿐만 아니라 보증금까지 날릴 수도 있다.

두 번째는 이 집의 주인이 내가 빌릴 집을 담보로 은행에서 대출을 받았는지 확인해야 한다. 임대인이 집을 담보로 은행 대출을 받았는데, 제때 돈을 갚지 못해 담보물인 집을 경매에 내놓는 경우가 생길 수 있기 때문이다. 이때도 내 보증금을 돌려받지 못하게 될 수도 있다.

그러므로 나와 계약을 맺는 사람이 실제 집주인이 맞는지, 집을 담보로 은행에 빚을 진 게 없는지 꼭 확인해야 한다. 그런데 어떻게 확인할 수 있을까? 계약을 맺을 때 상대방에게 물어보면 '죄송해요. 사실 제가 이 집 주인이 아니에요'라고 순순히 말해줄까? 또한 '집주인 맞아요'라고 한들 그 말을 그대로 믿어야 할까?

이때 필요한 게 바로 등기사항전부증명서(등기부등본)이다. 등기란 국가 기관이 문서로 부동산 등에 대한 권리 내용을 적어놓은 것을 말한다. 즉 등기를 마쳐야 건물이 내 소유라는 것이 문서로 증명되는 것이다. 등기사항전부증명서는 크게 표제부, 갑구, 을구로 나뉘는데 어떤 내용이 들어가는지 간단히 살펴보자.

## 등기사항전부증명서 (현재 유효사항)

### - 건물 -

고유번호 1156-2003-*****

[건물] 경기도 파주시 탄현면

❶

| 【표 제 부】(건물의 표시) | | | | |
|---|---|---|---|---|
| 표시번호 | 접 수 | 소재지번 및 건물번호 | 건 물 내 역 | 등기원인 및 기타사항 |
| 1 | 2003년 2월 21일 | 경기도 파주시<br>탄현면 **리 | 철근콘크리트조 스라<br>브 지붕 3층 단독주택 | |

❷

| 【갑 구】(소유권에 관한 사항) | | | | |
|---|---|---|---|---|
| 순위번호 | 등기목적 | 접 수 | 등 기 원 인 | 권리자 및 기타사항 |
| 3 | 소유권이전 | 2015년 10월 20일 제<br>98000호 | 2015년9월24일 매매 | 소유자 홍길동<br>501234-*******<br>경기도 파주시<br>탄현면<br>매매목록 제 2015-<br>****호 |

❸

| 【을 구】(소유권 이외의 권리에 관한 사항) |
|---|
| 기록 사항 없음 |

열람일시 : 2021년 10월 12일 10시 56분 00초

1/2

### ❶ 표제부(부동산 소재지와 그 내용)

표제부에는 주소, 건물의 종류, 구조, 용도, 면적 등이 적혀있다. 이중 등기사항전부증명서의 주소나 동호수 등이 계약서상의 주소, 동호수와 일치하는지 가장 먼저 확인하자.

### ❷ 갑구: 소유권에 관한 내용

갑구에서는 등기사항전부증명서상 현재 소유주와 계약하려는 집의 주인이 동일인인지 확인해야 한다. 이때는 집주인의 신분증과 증명서상의 소유주를 비교해보면 된다. 여러 기록 중 가장 마지막에 있는 사람이 현재 소유자다.

### ❸ 을구: 소유권 이외의 권리에 관한 내용

을구에는 저당권, 전세권 등이 기록되어 있다. 이중 근저당(부동산을 담보로 은행에 빚을 낸 것) 내용이 있는지 확인해야 한다. 내가 빌릴 집이 은행에 담보로 잡혀 있는데 집주인이 대출을 제대로 갚지 않는다면 집이 경매에 넘어가서 내 보증금을 돌려받지 못할 수 있다.

---

★ 증명서에 현재 소유주가 두 명이라고 나와요

부동산을 공동으로 소유한 경우 소유자가 2인일 수 있어요. 이때는 소유자 두 명 모두에게 확인해야 해요.

★ 집주인의 가족이 대신 계약을 하러 나왔어요

본인이 계약하러 오기 힘든 경우 대리인이 계약을 할 수도 있어요. 하지만 이때는 인감도장, 인감증명서 등을 확인하고 집주인과 직접 전화 통화를 해서 대리인과 계약하는 것을 확인받는 게 좋아요.

★ 등기사항전부증명서는 어떻게 확인하나요?

대법원 인터넷 등기소에서 열람·발급할 수 있어요. 증명서를 열람하거나 발급하고자 하는 주소지를 입력하면 누구나 열람할 수 있습니다. 단, 증명서 발급 시에는 700원의 수수료를 내야 해요.

## 전입신고, 확정일자 받기

문제가 생겼을 때 내가 받아야 할 돈을 우선으로 받을 수 있는 권리인 우선변제권을 가지려면 세 가지 조건이 필요하다. 첫 번째는 실거주(점유)다. 내가 보증금을 낸 집에 실제로 거주하고 있어야 권리를 요구할 수 있다. 둘째로 전입신고다. 원룸 등에서 자취할 경우 전입신고를 하지 않는 경우가 종종 있다. 하지만 이 경우에 문제가 발생했을 때 우선변제권을 갖지 못할 수 있다. 실거주와 전입신고가 이루어졌다면 법적으로 대항력을 갖게 된다. 세 번째로 확정일자다. 확정일자란 임대차 계약서가 해당 날짜에 존재하고 있었음을 증명해주는 것이다. 이 세 가지 조건을 모두 충족하면 집이 경매에 넘어가더라도 보증금을 우선으로 돌려받을 수 있는 우선변제권을 갖게 된다.

## 전세보증보험 가입하기

보증보험에 가입했다면 임대인에게 보증금을 떼였을 때 도움을 받을 수 있다. 전세보증보험은 전세보증보험 기관(HUG, SGI 등)이 보증금을 임차인에게 먼저 지급하고, 기관에서 임대인에게 보증금을 받는 제도다. 임대차 계약 시기에 전세보증보험 가입 방법에 따라 가입을 하고 보험금을 지급해두도록 하자.

# INDEX